不付出相当的独立的劳动,
无论在哪个重大的问题上
都是找不到真理的;
谁怕付出劳动,
谁就没有可能找到真理。

——《列宁全集》中文第二版增订版第 23 卷第 66 页

XUEXI LIENING DE GONGZUO FANGFA

学习列宁的工作方法

〔苏〕娜·康·克鲁普斯卡娅 著
李晓萌 译校

中央编译出版社
Central Compilation & Translation Press

目录

- 001　作者小传
- 001　序　言
- 007　列宁的科学工作方法问题
- 019　列宁如何研究马克思著作
- 047　列宁是个宣传家和鼓动家
- 085　列宁——党的报刊的编辑者和组织者

086 公开刊物和秘密刊物

102 只有原则上和谐一致与干练的编辑部才能把报纸工作提到应有的高度

111 编辑者列宁的工作

130 列宁与《真理报》

145 工人刊物的组织作用

161 列宁论为工农群众写作的本领

175 怎样写作党的通俗读物

- 183 在全苏联工农通讯员会议上的报告
- 189 群众监督与工人通讯员
- 197 我们要向伊里奇学习
- 203 培养列宁主义者
- 213 如何研究列宁主义

224

译者后记（张海滨）

要仔细地研究现实 222

在具体情况中观察现象 218

要估计到需求 217

研究列宁主义从何入手？ 216

必须认真研究马克思主义 215

要教人理解列宁主义的实质 214

乌法

作者小传

娜·康·克鲁普斯卡娅——列宁夫人和战友，1869年生于圣彼得堡，成长于革命家庭；中学毕业后，于1889年进入女子高等学校，在1890年参加学生的马克思主义小组，开始研读马克思、恩格斯的著作，同时担任工艺学校的社会民主党小组的指导。自1891年起，任教于当地的工人夜校，从事党的宣传和组织工作达五年之久。

1895年参加列宁直接领导的彼得堡"工人阶级解放斗争协会"，由于共同的革命工作，她与列宁相识、相熟。1896年，她和协会的部分战友被捕，被判处三年流放，并获准放逐到列宁所流放的地方——米努辛斯克的

学习列宁的工作方法

一个小村，后又移往乌法；在当地及附近地区的工人中她仍然是一个积极的组织者，并为《火星报》收集材料，负责报纸收发的地下活动。

1901年3月，她恢复自由后，前往慕尼黑与列宁重逢，并担任《火星报》编辑部秘书；为组织与俄国的秘密交通线，她花费了大量心血。《前进报》出版，她又任该报编辑部秘书。1903年出席俄国社会民主工党第二次代表大会，1905年又出席在伦敦举行的党的第三次代表大会，并担任大会的记录和整理大会决议的工作。同年11月，与列宁一同返回彼得堡，担任党的重要的组织工作以及党的委员会之间的联络工作；12月，出席在塔

慕尼黑

作者小传

墨尔福斯召开的党的代表会议。1907年随列宁侨居日内瓦。1908年底到巴黎，1911年任教于巴黎近郊的隆瑞莫党校。

1917年二月革命后，她返回彼得堡，在准备武装起义的工作上表现出非凡的能力。十月革命时期，她在彼得堡的一个区党委员会工作。教育人民委员部成立后任部务委员，领导政治教育总委员会。她为建立新教育制度，为非俄罗斯共和国的普通教育制度以及扫除文盲、半文盲的巨大事业辛勤而富有成效地工作，直至晚年。同时，她对青年和妇女的组织工作也做出很大的贡献，写过不少文章，出席过国际妇女大会。1921年主编《新教育之路》杂志。1930年组织并领导一个马克思主义教师团体。

1924年列宁逝世，她以极大的毅力忍受着巨大的精神痛苦，继续坚定地努力工作，并撰写了《列宁回忆录》。她参加过许多重要的党的会议，在第十五次、十六次及十七次布尔什维克党的代表大会上均当选为中央委员。这个伟大的女革命家深受人民的爱戴，不幸于1939年与世长辞。她五十年全心全意献身于劳动人民解放运动的功绩，必将在俄罗斯——世界革命历史上留下不朽的英名和荣誉。

在俄国社会民主工党第二次代表大会上

阅读车尔尼雪夫斯基的书

序言

四十年前，1894年，列宁在其秘密出版的第一部巨著——《什么是"人民之友"以及他们如何攻击社会民主党人？》一书中，就特别注意过那些不把马克思主义当作教条，而是当作行动指南的马克思主义者—革命家应该按何种规律进行工作的问题。伊里奇在该书中引证了李卜克内西的话，说马克思主义者应孜孜不倦地研究、宣传和组织：

"如果社会主义者的任务是要做无产阶级的思想领导者，领导无产阶级进行现实斗争，去反对横在一定社会经济发展的现实道路上的现实的真正敌人，那么情形就完全不同了。在这种条件下；理论工作和实际工作就会融合在一起，融合为一个工作，德国社会民主党的老战士李卜克内西把这个工作说得极为中肯，这就是：研究，宣传，组织。

"不做上述理论工作，便不能当思想领导者；不根据事业的需要进行这项工作，不在工人中间宣传这个理论的成果并帮助他们组织起来，也不能当思想领导者。"[1] 伊里奇把马克思、恩格斯的同胞，并在他们领导下工作的这位德国老共产主义者的这一指示，作为自己全部革命活动的基础。《列宁全集》就使我们有可能去考查列宁在上述每一领域所做过的巨大工作，研究他的工作方法，考究这些方法的有效性。每一个党员、每一个共产主义青年团员、每一个苏维埃工作人员，不管他在哪一个领域工作，都必须详细地研究列宁的工作方法；这种研究就能够武装他，帮助他提高自己的工作质量，提高他在其工作的那个组织的工作质量。

列宁工作方法上的遗产，还没有彻底加以研究。在这方面做得最多的是斯大林同志。他在关于列宁主义的基础问题的讲演中，阐明了列宁工作方法的实质。一些与列宁一起工作过和学习过列宁工作方法的同志，在他

---

[1] 见《列宁全集》中文第二版增订版第1卷第262页。——译者注

们的回忆中，对列宁工作方法的许多细节都做过极其清晰的说明，使我们从中汲取很多知识。当然，在回忆列宁时，他们不能不谈到列宁的工作。每个人都会按照各自党和生活的经验，按照其工作性质和个性来回忆伊里奇工作作风中的细微特征。概括地说，这些回忆的丰富材料，充分阐明了列宁是如何工作的问题。例如波德沃伊斯基、克尔日扎诺夫斯基、卢那察尔斯基和叶梅利亚诺夫等同志的回忆，其中每一篇回忆都提供了极其丰富的材料。

我们研究列宁的工作方法，就能更好地了解列宁和他的工作模式，我们就能更好地了解工人阶级及其政党所经历的道路，就能更好地了解我们面临的任务。

列宁在工作中始终以辩证唯物主义的方法为指南：他在观察现象时是从现象的全部总和，从它们的一切联系及因果关系来观察的；是从它们的发展、从社会主义建设事业所必需的观点来观察的，所以他研究一种问题是把这个问题与宣传和鼓动问题（即把获得的知识传递给群众）、与组织问题紧密相连的。理论与实践的这种联系是按照一定的规律发展，而对现象的研究就使这种研究具有特别的活力，这不仅改变了全部宣传工作和鼓动工作的范围，而且也改变了全部宣传工作和鼓动工作的性质。

认真仔细地考察列宁在其活动的各个不同阶段的科学、宣传、鼓动和组织等工作之间的相互联系，考察这种相互联系如何变得日益深刻和鲜活，这一点对我们很重要。

列宁用科学方法研究各种问题的现实意义，给予每一个问题马克思主义的解释，深刻分析问题，把握工作的科学诚实性和精确性，把理论与实践紧密地联系起来，把理论与劳动群众日常斗争紧密地联系起来，以生活和实践来检验理论，这就是列宁作为科学工作者的特征。

深入细致地了解工人群众和农民，善于把握住当时能够使他们群情激愤的问题，由于有了这种了解而善于接近群众，引起他们注意，使他们心悦诚服，吸引他们积极参加斗争。这是列宁作为宣传员和鼓动员的特征。把理论与宣传工作紧密地联系起来，对造谣惑众者满腔憎恶，与庸俗化做斗争，善于通俗地解释各种最困难的问题，说明问题的实质，并指出应该如何把理论应用于

序 言

实际，充满坚定的信心，所有这些，我们都可以在宣传家和鼓动家列宁那里找到。

研究国际工人运动面临的任务，研究时代的具体条件和革命动力，研究本国发展的具体条件，研究每一个民族、每一个阶层的利益，研究每一个阶层的生活、工作和自觉的条件，清楚地了解为了达到所提出的目的，目前必须要做什么和怎么去做，了解熟悉人。这就使列宁成为工人阶级的组织者、党的组织者、工人阶级胜利的组织者、社会主义建设的组织者。

为了研究列宁活动的各个方面，还需要进行一番集体的艰巨的科学工作。

本文集是近十年来撰写的一些文章的汇编，目的在于阐明列宁活动的各个方面。这只不过是尚未完成的工作的极小部分。

娜·康·克鲁普斯卡娅

1933年8月10日

列宁的科学工作方法问题

> " 弗拉基米尔·伊里奇不管做什么工作,都做得极其细致。他亲自做过很多准备工作。
>
> "他越认为某种工作有重要意义,就越是要搞清楚这项工作的所有细节。"

学习列宁的工作方法

弗拉基米尔·伊里奇不管做什么工作，都做得极其细致。他亲自做过很多准备工作。

他越认为某种工作有重要意义，就越是要搞清楚这项工作的所有细节。

弗拉基米尔·伊里奇一方面看到90年代末在俄国组织定期出版秘密报纸极为困难，另一方面，他认为出版一份用马克思主义观点阐明工人运动日益发展起来的俄国现实生活中的所有事件、所有事实的全俄报纸，具有巨大的组织作用和宣传作用，因此，他选好一批同志后，就决定出国并在国外出版一份这样的报纸。《火星报》就是他想要办的，也是他组织起来的。每一期报纸都经过精心推敲，字斟句酌。弗拉基米尔·伊里奇亲自做整

《火星报》编委

Первая страница газеты «Искра» № 1, декабрь 1900 г.

Уменьшено

1900 年 12 月 24 日在莱比锡出版的《火星报》创刊号

学习列宁的工作方法

版报纸的校对工作,这是最有代表性的一个细节。他这么做并不是因为无人校对(我很快就掌握了这一工作),而是因为他关心工作,担心遗留什么差错。他首先亲自校阅一遍,然后交给我,之后自己再审阅一遍。

他做一切工作都是这样。他对地方自治局的统计材料做了很多研究和加工整理的工作。他的笔记本里有大量仔细誊抄下来的统计表。如果涉及重大意义和重大比重的数字,他连已经发表的统计表上的统计数字也要加以检查。仔细检查每件事实、每个数字,这是伊里奇特有的习惯。他的结论都是建立在事实的基础之上。

这种力图以事实为根据做出每个结论的倾向,在他早期的宣传小册子《对工厂工人罚款法的解释》《谈谈罢工》《新工厂法》当中有鲜明的表现。他从不强迫工人接受任何东西,而是用事实来证明。有人认为,这些小册子过于冗长。但是,对于工人们来说,这些小册子特别有说服力。列宁在狱中写的一部主要著作《俄国资本主义的发展》就包含海量的实际材料。阅读马克思的《资本论》在列宁的生活中起了极为重大的作用,他记得马克思做出自己的结论是基于何等大量的实际材料。

列宁不靠自己的记忆力，尽管他的记忆力极佳。他从不凭记忆"大致不差地"叙述事实，他叙述事实是极其确切的。他浏览了成山似的材料（他读书也像他写作一样，速度极快），但是，他想要记住的东西，都会被誊抄在笔记本里。他的笔记本里有大量摘录。有一次，他翻看我写的小册子《组织自修》时对我说，我说的只记录最必要的材料的话是不正确的，他有另一种经验。他所记下的东西后来都反复读过，从那些标注和着重线上就能看得出来。

如果书是他自己的，他就只打着重线，在页边做标记，在封面上就只记下页码，根据标记地方的重要程度画一条线或几条线突出强调。自己的文章他也反复阅读，也在上面做标记，如果遇到有引起什么新思想的地方，他也打上着重线，在封面记下页码。伊里奇就是这样组织自己的记忆的。

他总是清楚地记得自己说过什么，在什么情形下说的，并且是同谁争论的时候说的。在他的著作、讲话和文章中，我们很少看到重复的地方。诚然，在漫长的岁月里，我们在伊里奇的文章中、在他的讲话中也会遇到同样的基本思想。因此,可以说他的言论深深印刻着某种特有的一贯性、稳定性。然而,我们看到的并不是先前讲过的东西的简单重复,而是针对新的条件、在另一种具体情况下应用同样的基本思想,从新的方面阐明问题。我记得和伊里奇有过一次这样的谈话。当时他已在病中了。我们谈到了刚出版的几卷《列宁全集》,谈到了这几卷是怎样反映俄国革命的经验的,谈到了使外国同志领会这些经验是多么重要;谈到要利用出版的几卷来阐明,基本的核心思想应不可避免地根据具体的历史环境的变化而做出不同的解释。伊里奇嘱咐我去找能完成这一工作的同志。

但是,这件事至今没有做成。

列宁仔细研究了世界无产阶级革命斗争的经验。马克思和恩格斯著作中特别鲜明地阐述过这些经验。列宁曾反复地阅读这些著作,在我们革命的每个新阶段都反复阅读。大家都知道,马克思和恩格斯对列宁有多么巨大的影响,但重要的还是要看看,研究他们的著作在列宁估计我国革命每个阶段的当前情况和预测发展前途时,使列宁得到了哪些帮助、是怎样帮助他的。这样的研究

病中口授文件

学习列宁的工作方法

著作还没有写出来，而如果有这样的研究著作，它就会极其鲜明地揭示出世界革命运动的经验是如何有助于列宁预见的。对于那些关心列宁是如何工作、关心他如何阅读马克思和恩格斯著作、关心他从这些著作中汲取了什么来指导估计我们的斗争的人，这样的研究著作就会提供很多材料。这样的著作会表明，工业更先进的国家工人阶级的革命斗争经验，对我们的革命、对我们的整个革命运动有多么巨大的影响。这样的著作会使人有机会更好地感受到，俄国革命、我们的全部斗争和建设是世界无产阶级斗争的一部分。这样的著作会表明，列宁从无产阶级国际斗争中获得了什么经验、是怎样获得这些经验的，他又是如何应用这些经验的。我们特别要向列宁学习的就是这些。

列宁以极大的热情研究了国际无产阶级的斗争经验。很难想象有比列宁更"反感博物馆"的人。博物馆材料的庞杂无章常使弗拉基米尔·伊里奇陷入十分沮丧的心情，十分钟后他就一副看起来很疲劳的样子。但是，有一次参观展览的情形却令我难忘。在巴黎一个历史上以其革命斗争闻名的工人区里的两间小屋里，组织了一次

1848年革命展。可以看得出,弗拉基米尔·伊里奇是如何兴致勃勃地注视着这里的每一个细节。在他看来,这是鲜活的斗争的一部分。当我来到我们的革命博物馆时,那个聚精会神地注视着每一个细节的伊里奇仿佛就站在我的眼前。

应该如何利用国际无产阶级革命斗争经验的问题,伊里奇本人曾写过多次。我记得有一次他是这样发表意见的。考茨基写了一本关于俄国1905年革命的小册子《俄国革命的动力和前途》。伊里奇特别喜欢这本小册子。他让人赶快把它翻译出来,他仔细地检查每一句译文,并为它写了一篇热情洋溢的序言,嘱咐我想办法尽快出版这本小册子,并亲自担任起全部校对工作。我记得,我们那个巨大的公开印刷所三天都没能排好这本小册子的情形,只好三天三夜坐在印刷所里,一连几个小时等着校对。伊里奇真会以其热忱来感染周围的人。当他叙述了那些由考茨基的小册子引发的全部想法,并写好了序言以后,显然,在这本小册子还没出版之前,就只好放下一切坐在印刷所里。直到现在,过了二十多年以后,在我的记忆里,灰色的封面、铅字的模样以及在我们当

学习列宁的工作方法

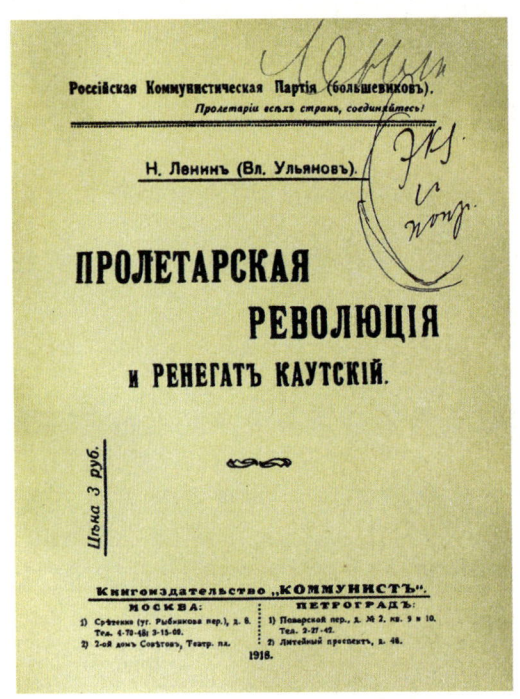

列宁的《无产阶级革命和叛徒考茨基》一书封面（1918年）

时俄国技术上杂乱无章的痛苦中诞生的小册子上的印刷错误，竟奇异地和伊里奇热情洋溢的讲话以及他为小册子写的序言的结束语连在一起：

"最后，说几句关于'权威'的话。马克思主义者不能站在知识分子激进派的似乎是革命的抽象的通常观点上：'不要任何权威。'

"不。工人阶级为了在全世界进行艰巨而顽强的斗争以取得彻底解放，是需要权威的。但是，不言而喻，这只是意味着青年工人需要那些进行反压迫反剥削斗争的老战士的经验，需要那些进行过多次罢工、参加过一系列革命活动、有革命传统和远大政治眼光的精明能干的战士的经验，每一个国家的无产者都需要全世界的无产阶级斗争的权威。为了阐明我们党的纲领和策略，我们需要全世界的社会民主主义运动的理论权威。但是这种权威当然同资产阶级科学和警察政治的御用权威毫无共同之处。这种权威是全世界的社会主义大军中进行更多方面的斗争的权威。"[1]

弗拉基米尔·伊里奇在《俄国革命的动力和前途》一书的序言中写到考茨基对俄国革命的正确估计,考茨基说:"如果我们能理解到,我们面临的是任何一个旧模式都套不上去的完全新的形势和新的问题,那可就太好了。"[2] 伊里奇在其序言中坚决反对用旧模式套新形势。我们知道,考茨基在估计帝国主义战争和1917年革命时,就是因为不能理解新的形势和新的问题而成了叛徒。

善于根据世界无产阶级革命斗争的经验来研究新的形势和新的问题,善于运用马克思主义的方法来分析新的具体形式,这就是列宁主义的特点。

本文首次发表于《真理报》1928年1月21日第18号
题为《列宁的工作方法问题》

---

[1] 见《列宁全集》中文第二版增订版第14卷第224—225页。——译者注
[2] 见《列宁全集》中文第二版增订版第14卷第222页。——译者注

列宁如何研究马克思著作

> "这种研究马克思学说的方法给列宁以武器与曲解马克思主义、阉割其革命实质的现象做斗争。我们知道,列宁的《国家与革命》一书在组织十月革命和苏维埃政权的事业上起了何等巨大的作用。"

学习列宁的工作方法

由于俄国工业落后，我国工人运动直到 19 世纪 90 年代才开始发展，当时其他许多国家工人阶级的革命斗争已经广泛开展，已经有了法国大革命的经验，有了 1848 年革命的经验，也有了 1871 年巴黎公社的经验。国际工人运动的伟大革命领袖马克思和恩格斯已在革命斗争的烈火中锻炼出来了。马克思的学说指明了社会发展的方向，指明了资本主义社会必然崩溃，资本主义社会必然被共产主义社会所替代，指明了新的社会形式的发展道路，即阶级斗争的道路，社会主义革命的道路，阐明了无产阶级在这个斗争中的作用及其胜利的必然性。

我们的工人运动是在马克思主义的旗帜下发展起来的，它不是摸索着盲目前进，而是有着明确的目的和明确的道路。

列宁在用马克思主义的光辉照亮俄国无产阶级斗争道路的事业上做了极多的工作。马克思逝世至今已过去五十年了，但马克思主义仍然是我们党的行动指南。列宁主义只是马克思主义的进一步发展，是马克思主义的深化。

因此，阐明列宁是怎样研究马克思著作的问题当然

列宁如何研究马克思著作

非常重要。

列宁非常了解马克思的著作。他于1893年来到彼得堡的时候，就以博览马克思和恩格斯著作使我们这些当时的马克思主义者大为惊奇。

19世纪90年代，当马克思主义小组开始组织起来

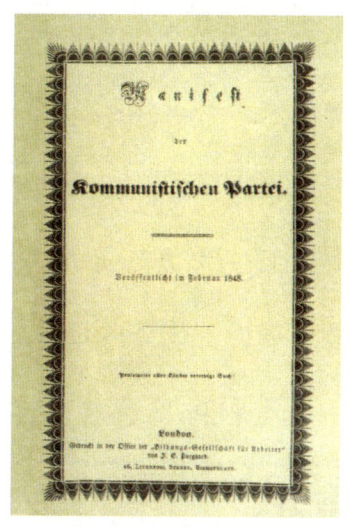

《共产党宣言》1848年德文版封面

的时候，人们研究的主要是《资本论》第1卷。尽管很难，但《资本论》一书还是能够弄到。至于马克思的其他著作，情形就完全不同了。小组大多数成员甚至连《共产党宣言》也没有读过。比如，我自己就是在1898年流放期间才第一次读到了德文版的《共产党宣言》。

马克思和恩格斯著作当时是被严格禁止的，只需指出下面一点就足以证明。1897年，弗拉基米尔·伊里奇为《新言论》杂志[1]写《评经济浪漫主义》一文时，为了不使杂志为难，只好不用"马克思""马克思主义"等字眼，而是用隐喻的方式来谈马克思。

---

[1] 《新言论》杂志自1897年4月那期起落到了"合法马克思主义者"手里。——克鲁普斯卡娅注

学习列宁的工作方法

弗拉基米尔·伊里奇了解并努力搜寻有可能得到的一切德文和法文的马恩著作。列宁的姐姐安娜讲过列宁和他的妹妹奥丽珈一起读法文版《哲学的贫困》的情形。他读到的大部分是德文版。他把马克思和恩格斯著作中最重要的、他最感兴趣的地方都给自己译成了俄文。

在1894年秘密出版的列宁的第一部巨著《什么是"人民之友"以及他们如何攻击社会民主党人？》一书中，列宁曾援引了《共产党宣言》、《政治经济学批判》、《哲学的贫困》、《德意志意识形态》、马克思1843年给卢格的信、恩格斯的《反杜林论》和《家庭、私有制和国家的起源》等著作中的话。

《人民之友》这一著作极大地拓宽了当时大多数对马克思著作鲜有了解的马克思主义者的马克思主义视野，并以新的方式阐明了一系列问题，受到读者的热烈欢迎。

在列宁的下一部著作《民粹主义的经济内容及其在司徒卢威先生的书中受到的批评》中，我们就已经看到他引证《路易·波拿巴的雾月十八日》《法兰西内战》《哥达纲领批判》以及《资本论》第2卷、第3卷等著作了。

后来侨居国外的生活使列宁有机会熟悉马克思和恩

列宁如何研究马克思著作

Выпускъ III.

Что такое „Друзья народа"

и

какъ они воюютъ противъ

соціал-демократовъ.

Сентябрь 1894.

Изданіе
провинціальной группы
соціал-демократовъ.

《什么是"人民之友"以及他们如何攻击社会民主党人？》一书胶印本第三编封面

学习列宁的工作方法

格斯的全部著作，并加以研究。

列宁1914年为《格拉纳特百科词典》写的马克思生平，就是伊里奇精通马克思著作的最好说明。

列宁阅读马克思著作时不断记录下来的无数摘录，也说明了这一点。在马克思恩格斯列宁研究院里存有很多弗拉基米尔·伊里奇摘录马克思著作的笔记本。

弗拉基米尔·伊里奇在自己工作中利用了这些摘录，反复读过，还在上面写下自己的标注。但是，列宁不仅是知道马克思，而且还深入思考了他的全部学说。在1920年俄国共产主义青年团第三次代表大会上讲话时，弗拉基米尔·伊里奇曾对青年们说，必须善于"吸取人类的全部知识，并要使你们学到的共产主义不是生吞活剥的东西，而是经过你们深思熟虑的东西，是从现代教育观点上看来必然的结论。"[1] "如果一个共产主义者不下一番极认真、极艰苦而巨大的功夫，不弄清他必须用批判的态度来对待的事实，便想根据自己学到的共产主义的现成结论来炫耀一番，这样的共产主义者是很可悲的。"[2]

列宁不仅研究马克思写的东西，还研究资产阶级营

---

[1] 见《列宁全集》中文第二版增订版第39卷第336页。——译者注
[2] 见《列宁全集》中文第二版增订版第39卷第335页。——译者注

垒中他的敌人们关于马克思和马克思主义所写的东西。他在与他们的论战中阐明马克思主义的基本原理。

他在第一部巨著《什么是"人民之友"以及他们如何攻击社会民主党人？（答〈俄国财富〉杂志[1]反对马克思主义者的几篇文章）》中，曾把民粹派（米海洛夫斯基、克里文柯、尤沙柯夫）的观点与马克思的观点做了对比论述。

在《民粹主义的经济内容及其在司徒卢威先生的书中受到的批评》一文中，列宁指出了司徒卢威的观点与马克思的观点之间的根本区别所在。

在研究土地问题时，他写了《土地问题和"马克思的批评家"》这一著作[2]，把德国社会民主党人（大卫、赫茨）以及俄国批评家（切尔诺夫、布尔加柯夫）的小资产阶级观点与马克思的观点对比论述。法国有一句谚语：Du choc des opinions jaillit la verite（不同意见的争辩能使真相大白）。伊里奇很爱引用这句谚语。伊里奇经常把各阶级在工人运动基本问题上的观点揭露出来，

---

[1] 《俄国财富》——月刊，19世纪90年代初转到民粹派手里，并成为他们反对马克思主义斗争的主要刊物。——克鲁普斯卡娅注

[2] 见《列宁全集》中文第二版增订版第5卷第84—244页。——译者注

学习列宁的工作方法

加以对比。

把各种不同观点拿来对照比较，这是列宁所特有的做法。

《列宁文集》第 19 卷就说明了这一点，该卷将列宁在 1917 年之前对土地问题所作的摘录、概要、报告大纲等材料都收集进去了。

弗拉基米尔·伊里奇把"批评家"的意见仔细地做成了概要，选择并摘录下其中特别鲜明、特别突出的地方，并把它们和马克思的言论对比论述。他仔细分析"批评家"的言论，尤其着重指出那些最重要和最迫切的问题，力图揭露他们的阶级实质。

列宁常常故意强调某个问题。他认为，问题不在于声调：声调上可以说得很粗暴，很尖锐，重要的是要说出问题的实质。他在给《与左尔格通信集》写的序言中引证了梅林的话："……梅林说得对（《与左尔格通信集》），马克思和恩格斯不爱讲什么'客气'：'他们每次打人从不怎么犹豫，但每次挨打也从不叫苦。'"[1] 列宁也用尖锐的形式，这是他从马克思那里学

---

[1] 见《列宁全集》中文第二版增订版第 15 卷第 206 页。——译者注

来的。他曾指出："马克思说，他和恩格斯经常同这个《社会民主党人报》的'可悲'（miserabel）的办报方针进行斗争，并且往往斗争得很激烈（'wobei's oft scharf hergeht'）。"[1] 伊里奇并不害怕用词尖锐，但他要求一切反驳都应切中要害。

伊里奇有一个喜爱的词，他也经常用，就是"吹毛求疵"。如果争论的已经不是问题的实质，而是断章取义和对细枝末节的挑剔，他就会说："这已经是'吹毛求疵'了。"

对那种不是为了说明问题、而是为了打派别组织的小算盘的论战，列宁的反驳还会更尖锐些。这是孟什维克惯用的方法。他们抽取马克思和恩格斯的引文时，却对马克思和恩格斯说话的具体情境遮遮掩掩，目的就是派别斗争。他在《与左尔格通信集》的序言中写道："如果谁认为马克思和恩格斯对英美工人运动的劝告可以简单地、直接地应用到俄国来，那他运用马克思主义就不是为了弄清马克思主义的**方法**，不是为了**研究**各特定国家工人运动的具体历史特点，而是为了打知识分子的、

---

[1] 见《列宁全集》中文第二版增订版第15卷第203页。——译者注

学习列宁的工作方法

派别组织的小算盘。"[1]

现在我们就真正接近列宁如何研究马克思著作这个问题了。从上述引证中多少可以看出这个问题的答案；要弄明白马克思的方法，向马克思学习研究某些国家工人运动的特点。列宁就是这样做的。对于列宁来说，马克思的学说不是教条，而是行动的指南。他有一次在无意中说了这样的话："凡是愿意向马克思求教的人……"这句话很有代表性。他自己就是经常向马克思"求教"的。在革命最困难的转变关头，他又重新反复学习马克思的著作。去他办公室的时候往往是这样的情景：一看大家都很兴奋激昂，而伊里奇却在读马克思的著作，手不释卷。列宁醉心于马克思的著作，不是为了安静心性，也不是为了汲取对工人阶级的力量和工人阶级必将取得最后胜利的信心——伊里奇对此有足够的信心，而是为了向马克思"求教"，以便从他那里找到对工人运动最迫切问题的回答。列宁在《弗·梅林论第二届杜马》一文中写道："这些人依靠不恰当地摘录一些东西来作为自己的论据：抓住关于支持大资产阶级反对反动的小资产阶级的一般原理，

---

[1] 见《列宁全集》中文第二版增订版第15卷第210页。——译者注

不加鉴别就把它用于俄国的立宪民主党和俄国革命。

"梅林给这些人上了很好的一课。凡是愿意就无产阶级在资产阶级革命中的任务问题向马克思求教的人[1]，都必须掌握马克思针对德国资产阶级革命时代所作的论断。难怪我国孟什维克如此胆战心惊地回避这些论断了！因为这些论断正是俄国'布尔什维克'在俄国资产阶级革命中同实行妥协的资产阶级所进行的无情斗争最完整、最鲜明的写照。"[2]

选取马克思专门研究类似局势的著作，仔细地加以分析，与当时的情况相比较，找出其中的异同之处——这就是列宁的方法。把这种方法应用于1905—1907年革命的情形，再好不过地说明了伊里奇的这种方法。

列宁1902年就曾在《怎么办？》这本小册子里写道："历史现在向我们提出的当前任务，是比其他任何一个国家的无产阶级的一切**当前**任务**都更革命的**任务。实现这个任务，即摧毁这个不仅是欧洲的同时也是（我们现在可以这样说）亚洲的反动势力的最强大的堡垒，就会使俄国无产阶级成为国际革命无产阶级的先锋队。"[3]

[1] 着重号是我加的。——克鲁普斯卡娅注
[2] 见《列宁全集》中文第二版增订版第15卷第262页。——译者注
[3] 见《列宁全集》中文第二版增订版第6卷第26—27页。——译者注

学习列宁的工作方法

我们知道，1905年的革命斗争已经提高了俄国工人阶级的国际作用，1917年推翻沙皇专制制度真正把俄国无产阶级变成了国际革命无产阶级的先锋队，但这是在《怎么办？》一书写出十五年之后才发生的。1905年1月9日在冬宫广场上发生枪杀工人事件以后，革命的浪潮越来越高涨起来，党应该领导群众向何处去、应该采取什么样的策略问题就迫不及待地提出来了。于是列宁又向马克思求教。他特别仔细地研究马克思关于1848年法国和德国资产阶级民主革命时代的著作《1848年至1850年的法兰西阶级斗争》以及弗·梅林编的有关德国革命的《卡·马克思和弗·恩格斯遗著》第3卷。

1905年6—7月，伊里奇写了小册子《社会民主党在民主革命中的两种策略》，书中他把孟什维克与自由资产阶级妥协的方针策略与布尔什维克号召工人群众与专制制度进行最坚决的、毫不调和的斗争直到武装起义的策略进行对比。列宁在《两种策略》中写到必须消灭沙皇制度。"代表会议[1]也忘记了，当政权还在沙皇手中的时候，任何代表的任何决定，都会和德国1848年革

---

[1] 指新火星派的。——克鲁普斯卡娅注

命史上有名的法兰克福议会的'决定'一样，成为无聊而可怜的空话。革命无产阶级的代表马克思曾在他主编的《新莱茵报》上，非常尖刻地讥笑了法兰克福的自由主义'解放派'，因为他们说了许多漂亮话，通过了各种各样的民主的'决定'，'立了'各种各样的自由，而事实上却让政权留在国王手中，并没有组织武装斗争去反对掌握在国王手中的武装力量。当法兰克福的解放派还在那里空谈时，国王却抓住了时机，加强了自己的武装力量，于是反革命便依靠实际的力量，把民主派连同他们的一切美妙'决定'打得落花流水。"[1]

于是弗拉基米尔·伊里奇提出了这样的问题，即资产阶级能否通过与沙皇制度搞交易来破坏俄国革命，或者如马克思曾经说过的那样，"用平民的方式"来对付沙皇制度。"如果革命能取得彻底的胜利，那时我们就能用雅各宾派的方式，或者说，用平民的方式来对付沙皇制度。马克思于1848年在有名的《新莱茵报》上写道：'全部法兰西的恐怖主义，无非是用来对付资产阶级的敌人，即对付专制制度、封建制度以及市侩主义的一种

---

[1] 见《列宁全集》中文第二版增订版第11卷第16—17页。——译者注

学习列宁的工作方法

平民方式而已。'（见《马克思遗著》梅林版第 3 卷第 211 页）[1] 那些在民主革命时代用'雅各宾主义'这种吓人的字眼来吓唬俄国社会民主主义工人的人，是否在什么时候思索过马克思这句话的意思呢？"[2]

孟什维克说，他们的策略是"始终做一个持极端革命反对派态度的政党"，还说这并不排除在某一个城市局部地、暂时地夺取政权并成立革命公社。"'革命公社'是什么意思呢？"列宁这样提出问题并回答说："他们[3]的革命思想是混乱不清的，结果就像常见的那样，尽**说革命的空话**。的确，社会民主党代表的决议中使用'革命公社'这样的字眼，不过是说革命的空话而已。马克思屡次斥责这种用**早已过时的**'动听的'名词来遮盖未来的任务的空话。在历史上起过作用的动听的名词，在这种情形下就会变成空洞而有害的华而不实的东西，变成装饰品。我们必须向工人和全体人民清清楚楚地、毫不含糊地说明：**为什么**我们要成立临时革命政府？如果在将来，在已经开始的人民起义得到胜利的结局而我们

---

1 见《马克思恩格斯文集》第 2 卷第 74 页。——译者注
2 见《列宁全集》中文第二版增订版第 11 卷第 40—41 页。——译者注
3 指新火星派分子。——克鲁普斯卡娅注

对政权有了决定性的影响时，我们要实现的**究竟是一些什么样的改革？**这就是摆在政治领导者面前的问题。"[1]

"这些把马克思主义庸俗化的人从来没有思索过马克思所说的必须用武器的批判来代替批判的武器的话。他们盗用马克思的名义，其实，他们在草拟策略决议的时候完全是在模仿法兰克福的资产阶级空谈家，这些空谈家自由地批评专制制度，加深民主意识，但是不懂得革命时期是行动的时期，是既从上面又从下面行动的时期。"[2]

"革命是历史的火车头。——马克思这样说过。"[3] 列宁就根据马克思的这句话来评估炽烈的革命的作用。

列宁往下分析马克思在《新莱茵报》上的言论时，解释了什么是无产阶级和农民的革命民主专政。但是，列宁在进行比拟时也讲到我国资产阶级民主革命与1848年德国资产阶级民主革命之间的区别问题。他写道："可见，只是在1849年4月，在革命报纸出版了几乎一年以后（《新莱茵报》是1848年6月1日开始出版的），马克思和恩格斯才主张成立专门的工人组织！在此以前，

---

[1] 见《列宁全集》中文第二版增订版第11卷第63页。——译者注
[2] 见《列宁全集》中文第二版增订版第11卷第79页。——译者注
[3] 见《列宁全集》中文第二版增订版第11卷第96页。——译者注

学习列宁的工作方法

他们只办了一个和独立工人政党在组织上没有任何联系的'民主派的机关报'！这件事实，这件从我们现在的观点看来是骇人听闻的和不可思议的事实，清楚地向我们表明，当时的德国社会民主工人政党和现在的俄国社会民主工人政党之间有多么大的差别。这件事实向我们表明，在德国民主革命中所显露出来的运动的无产阶级特征和无产阶级潮流要少得多（因为德国1848年在经济方面和在政治方面还落后——国家没有统一）。"[1]

弗拉基米尔·伊里奇写于1907年的那些论述马克思的通信和活动的文章，是特别有意思的。

这些文章有：《卡·马克思致路·库格曼书信集俄译本序言》[2]《弗·梅林论第二届杜马》[3]以及《〈与左尔格通信集〉序言》[4]。这些文章特别详尽地阐明了列宁研究马克思著作的方法问题。其中最后这篇文章特别有趣。这篇文章列宁写于他因与波格丹诺夫发生意见分歧而重新努力钻研哲学时期，当时辩证唯物主义问题成为他特别关注的焦点。

---

[1] 见《列宁全集》中文第二版增订版第11卷第121页。——译者注
[2] 见《列宁全集》中文第二版增订版第14卷第373—382页。——译者注
[3] 见《列宁全集》中文第二版增订版第15卷第257—264页。——译者注
[4] 见《列宁全集》中文第二版增订版第15卷第196—216页。——译者注

列宁如何研究马克思著作

列宁既研究马克思关于类似我国因革命失败而产生的问题的论述，同时又研究辩证唯物主义和历史唯物主义的问题，向马克思学习了如何用辩证唯物主义方法去研究历史的发展。他在《〈与左尔格通信集〉序言》中写道："把马克思和恩格斯有关英美工人运动的言论同有关德国工人运动的言论比较一下，是大有教益的。如果注意到在德国和英美两国，资本主义处于不同的发展阶段以及资产阶级这个阶级在这些国家全部政治生活中的统治形式各不相同这一事实，那么这种比较的意义就更大了。从科学的角度看，我们在这里可以看到唯物主义辩证法的典范，看到善于针对不同的政治经济条件的具体特点，把问题的不同重点和不同方面提到首位加以强调的本领。从工人政党实际的政策和策略的角度看，我们在这里可以看到《共产党宣言》的作者针对不同国家的民族工人运动所处的不同阶段给战斗的无产阶级确定任务的典范。"[1]

1905年革命提出了许多新的迫切问题，列宁在解决这些问题的时候又更深刻地思索了马克思的各种著作。

---

[1] 见《列宁全集》中文第二版增订版第15卷第197—198页。——译者注

学习列宁的工作方法

革命的烈火锻造了列宁研究马克思学说的方法（真正马克思主义的方法）。

这种研究马克思学说的方法给列宁以武器与曲解马克思主义、阉割其革命实质的现象做斗争。我们知道，列宁的《国家与革命》一书在组织十月革命和苏维埃政权的事业上起了何等巨大的作用。这部著作就是完全建立在深刻研究马克思关于国家的革命学说的基础之上的。

我们且把列宁的《国家与革命》一书的头一页引证如下："马克思的学说在今天的遭遇，正如历史上被压迫阶级在解放斗争中的革命思想家和领袖的学说常有的遭遇一样。当伟大的革命家在世时，压迫阶级总是不断迫害他们，以最恶毒的敌意、最疯狂的仇恨、最放肆的造谣和诽谤对待他们的学说。在他们逝世以后，便试图把他们变为无害的神像，可以说是把他们偶像化，赋予他们的**名字**某种荣誉，以便'安慰'和愚弄被压迫阶级，同时却阉割革命学说的**内容**，磨去它的革命锋芒，把它庸俗化。现在资产阶级和工人运动中的机会主义者在对马克思主义做这种'加工'的事情上正一致起来。他们忘记、抹杀和歪曲这个学说的革命方面，革命灵魂。他

在拉兹利夫湖畔匿居地写作《国家与革命》

们把资产阶级可以接受或者觉得资产阶级可以接受的东西放在第一位来加以颂扬。现在,一切社会沙文主义者都成了'马克思主义者',这可不是说着玩的!那些德国的资产阶级学者,昨天还是剿灭马克思主义的专家,现在却愈来愈频繁地谈论起'德意志民族的'马克思来了,似乎马克思培育出了为进行掠夺战争而组织得非常出色的工人联合会!

在这种情况下,在对马克思主义的种种歪曲空前流行的时候,我们的任务首先就是要**恢复**真正的马克思的国家学说。"[1]

---

[1] 见《列宁全集》中文第二版增订版第31卷第4—5页。——译者注

学习列宁的工作方法

斯大林同志在《论列宁主义基础》中写道："只有在下一个时期，无产阶级公开发动的时期，无产阶级革命的时期，当推翻资产阶级的问题已经成为直接的实践问题的时候，当无产阶级的后备军问题（战略）已成为一个最迫切的问题的时候，当一切斗争形式和组织形式——议会形式和议会外形式（策略）已经十分明确地表现出来的时候，——只有在这个时期，才能制定无产阶级斗争的完整的战略和周密的策略。马克思和恩格斯的被第二国际机会主义者埋没了的那些关于策略和战略的英明思想，正是在这个时期被列宁发掘出来重见天日的。[1] 但是列宁并不限于恢复马克思和恩格斯的个别策略原理。他还向前发展了这些原理，补充了一些新的思想和原理，把这一切结合为指导无产阶级阶级斗争的规则和指导原则的体系。"[2]

马克思和恩格斯写到他们的学说"不是教条，而是行动的指南"。他们的这句话列宁经常转述。他用来研究马克思和恩格斯著作的方法、革命的实践以及无产阶级革命时代的全部情况恰恰帮助列宁把马克思的革命理论变为了真正的行动指南。

---

1 着重号是我加的。——克鲁普斯卡娅注
2 见《斯大林全集》中文版第6卷第132—133页。——译者注

列宁如何研究马克思著作

我来讲一个有决定意义的问题吧。不久前,我们庆祝了苏维埃政权成立十五周年。因此我们回忆起了1917年10月组织夺取政权的情形。夺取政权并不是自发的,而是经过列宁深思熟虑,是以马克思关于如何组织武装起义的直接指示为指南的。

十月革命把专政交到无产阶级手中后,斗争的全部条件就根本改变了:但正是因为列宁不是以马克思和恩格斯所说的字句为指南,而是以其革命的内容为指南,他才善于在无产阶级专政时代又把马克思主义应用到社会主义建设事业上来。

我只讲到了几点。还必须做大量的研究工作:找到列宁从马克思那里取得的一切,弄明白他是怎样取得的,在哪些时期取得的以及与革命运动的哪些任务有关等问题。

我甚至连民族问题、帝国主义等一些极其重要的问题还没有涉及。《列宁全集》和《列宁文集》的出版使这一研究工作较容易了一些。列宁自始至终在革命斗争的各个阶段研究马克思著作的道路,不仅帮助我们更好、更深入地了解马克思,还帮助我们更好、更深入地了解列宁本人,了解他研究马克思著作的方法和把马克思学说在实际生活中实现的方法。

这里还要指出列宁研究马克思著作的另一个方面,同样具有重要意义。列宁不仅研究马克思和恩格斯所写的东西,还研究他的"批评者"写的有关马克思的东西;他还研究了马克思走向某一观点所经历的道路,研究了那些启发马克思的思想,并推动其思想走向一定方向的著作;他研究了(如果可以这样说)马克思主义世界观的来源;研究了马克思从这位或那位著作家那里取得了什么材料以及是如何取得的。

他尽可能深入地研究辩证唯物主义方法。1922年,列宁在《论战斗唯物主义的意义》一文中写到《在马克思主义旗帜下》杂志的撰稿人应该组织从唯物主义观点出发对黑格尔辩证法做系统研究的工作。他认为,如果没有坚实的哲学论据,是无法对资产阶级思想的侵袭和资产阶级世界观的复辟坚持斗争的。至于怎样从唯物主义观点出发研究黑格尔辩证法,列宁曾根据自己的经验写过这一点。我们把列宁《论战斗唯物主义的意义》一文中的一段引证如下:

"……我们必须懂得,任何自然科学,任何唯物主义，如果没有坚实的哲学论据，是无法对资产阶级思想的侵袭和资产阶级世界观的复辟坚持斗争的。为了坚持这个斗争，为了把它进行到底并取得完全胜利，自然科学家就应该做一个现代唯物主义者，做一个以马克思为代表的唯物主义的自觉拥护者，也就是说，应当做一个辩证唯物主义者。为了达到这个目的，《在马克思主义旗帜下》杂志的撰稿人就应该组织从唯物主义观点出发对黑格尔辩证法做系统研究，即研究马克思在他的《资本论》及各种历史和政治著作中实际运用的辩证法……根据马克思怎样运用从唯物主义来理解的黑格尔辩证法的例子，我们能够而且应该从各方面来深入探讨这个辩证法，在杂志上登载黑格尔主要著作的节录，用唯物主义观点加以解释，举马克思运用辩证法的实例以及现代史尤其是现代帝国主义战争和革命提供得非常之多的经济关系和政治关系方面辩证法的实例予以说明。依我看，《在马克思主义旗帜下》杂志的编辑和撰稿人这个集体应该是一种'黑格尔辩证法唯物主义之友协会'。现代的自然科学家从作了唯物主义解释的黑格尔辩证法中可以找到（只要他们善于去找，只要我们能学会帮助他们）

学习列宁的工作方法

自然科学革命所提出的种种哲学问题的解答,崇拜资产阶级时髦的知识分子在这些哲学问题上往往'跌入'反动的泥坑。"[1]

《列宁文集》第9卷和第12卷现在已经出版了,其中揭示了列宁研究黑格尔基本著作的全部思考过程,揭示了他如何运用辩证唯物主义方法研究黑格尔,他如何把这一研究与深入研究马克思的论述紧密联系起来,而且善于把马克思主义变为在完全不同条件下指导行动的指南。

列宁不仅仅是研究黑格尔的著作。有一次他读了马克思1858年2月1日给恩格斯的信,信中马克思对拉萨尔的《爱非斯的晦涩哲人赫拉克利特的哲学》一书(共2卷)做出了尖锐的批评,称这本书为"小学生的"作文。列宁起初就马克思的批评简要定义为:"拉萨尔简单地**重复**黑格尔的话,**抄袭**他,无数次地**反复咀嚼**关于赫拉克利特一些言论的看法,用没完没了的学究气、书呆子气十足的废话来充塞自己的著作。"[2] 但列宁还是研究了拉萨尔的这一著作,并列出纲要,写出摘录,加上自己

---

[1] 见《列宁全集》中文第二版增订版第43卷第29—30页。——译者注
[2] 见《列宁全集》中文第二版增订版第55卷第292—293页。——译者注

对他的评语,并在结尾总结说:"总之,总而言之,马克思的评论是正确的。拉萨尔的这本书不值得一读。"[1]但是,列宁自己研究这一著作的结果使他更深入地了解了马克思,了解了他为什么这么不喜欢拉萨尔的这本书。

最后,我还要指出列宁研究马克思著作的另一种工作形式——这就是把马克思学说通俗化。如果进行通俗化的人"严肃"对待自己的工作,其目的在于拿出最简单易懂的形式来说明某种理论的实质,那么,这一工作就会使他本人受益良多。

列宁是以最严肃的态度来对待这一工作的。他在流放地写信给普列汉诺夫和阿克雪里罗得时说:"我最大的希望和幻想得最多的就是能够为工人写作。"[2]

他想把马克思的学说写成工人群众亲切易懂的东西。19世纪90年代他在工人小组上课时,曾力图首先为大家解读《资本论》第1卷,以自己的听众们生活中的实例来解释该卷论述的原理。1911年,列宁在隆瑞莫党校(巴黎城郊)培养干部领导日益高涨的革命运动时,他向工人们讲授政治经济学,力求通俗易懂地解读马克

---

[1] 见《列宁全集》中文第二版增订版第55卷第304页。——译者注
[2] 见《列宁全集》中文第二版增订版第44卷第13页。——译者注

思学说的基本原理。伊里奇在《真理报》上发表的文章总是设法把马克思学说的各部分尽量通俗化。1921年在工会问题争论期间，列宁所说的应如何应用辩证法研究对象和现象，是列宁通俗化的典范。列宁说："要真正地认识事物，就必须把握住、研究清楚它的一切方面、一切联系和'中介'。我们永远也不会完全做到这一点，但是，全面性这一要求可以使我们防止犯错误和防止僵化。这是第一。第二，辩证逻辑要求从事物的发展、'自己运动'（像黑格尔有时所说的）、变化中来考察事物。就玻璃杯来说，这一点不能一下子就很清楚地看出来，但是玻璃杯也并不是一成不变的，特别是玻璃杯的用途，它的使用，它同周围世界的联系，都是在变化着的。第三，必须把人的全部实践——作为真理的标准，也作为事物同人所需要它的那一点的联系的实际确定者——包括到事物的完整的'定义'中去。第四，辩证逻辑教导说，'没有抽象的真理，真理总是具体的'——已故的普列汉诺夫常常喜欢按照黑格尔的说法这样说。"[1]

这不多的几行字，是列宁多年研究哲学问题，经常

---

[1] 见《列宁全集》中文第二版增订版第40卷第294—295页。——译者注

运用辩证唯物主义方法，经常"求教"马克思所得的精髓。这几行字简明扼要地指明了应作为研究各种现象的行动指南的要点。

列宁如何研究马克思学说也就教会我们应该如何研究列宁学说。列宁学说与马克思学说有着密不可分的联系。它是实际行动中的马克思主义，它是帝国主义和无产阶级革命时代的马克思主义。

本文首次发表于《布尔什维克》杂志
1933 年第 1—2 期

列宁是个宣传家和鼓动家

> 《火星报》在列宁领导下善于选择最重要的问题,围绕这些问题开展最广泛的鼓动工作。
>
> "正确地建立起来并吸收广大工人群众参加的政治组织也就提高了鼓动员的作用。"

学习列宁的工作方法

俄国工业和其他资本主义国家——英国、法国、德国相比发展得晚一些。因此我国的工人运动也比其他国家发展得晚——直到20世纪90年代才成为具有群众性质的运动。当时国际无产阶级已经有了丰富的斗争经验，已经历过几次革命，革命运动的烈火已经锻造出了马克思和恩格斯这样伟大的思想家。他们的学说照耀着无产阶级应走的道路，他们证明了资本主义制度必然灭亡，无产阶级必将取得胜利、夺取政权并按照新的方式改造全部生活、建立新的共产主义社会。

列宁在青年时代了解了马克思学说后，就深刻地加以思考，并明白了这个学说是领导俄国工人阶级的行动指南，它将帮助俄国工人从愚昧无知、横遭虐待和备受剥削的奴隶境地中摆脱出来，而成为社会主义斗争的自觉的有组织的战士，它将帮助俄国工人阶级成长为强大的力量，帮助它带领全体劳动群众消灭一切剥削制度。

马克思的学说帮助列宁清晰地看到社会发展将走向何处。列宁热情地相信马克思和恩格斯的观点是正确的，并认为必须尽量更好、更广泛地用马克思学说的知识武装群众，于是列宁就以其全部精力来宣传这个学说。

列宁是个宣传家和鼓动家

马克思主义原理的宣传在工人群众中有了很大的成效。列宁说，我们的宣传工作之所以有这样的成效，并不是因为我们都是高超的宣传家；它之所以有成绩，是因为我们所说的，——都是真理。

具有深切的信念，这就是列宁作为宣传家的特点。

列宁很好地研究了马克思的学说，马克思的每篇著作他都反复阅读过。1914年他为《格拉纳特百科词典》写的那篇论马克思的文章，还提供了丰富的书目索引，这就最好不过地说明了列宁对马克思学说的渊博知识。列宁的所有其他著作也雄辩地说明了这一点。

深刻地了解问题，是列宁作为宣传家的第二个特点。

但是，列宁不仅了解马克思主义理论，还善于在一切联系和因果关系中把握这一理论。

1894年工人运动初期，他写了《什么是"人民之友"以及他们如何攻击社会民主党人？》一书，书中指明从工人运动开始发展时起，就应该在我国的条件下运用马克思理论。这本书写作时，大多数革命者认为在俄国的条件下工人阶级起不了多大作用。

1899年，列宁的《俄国资本主义的发展》一书出版

学习列宁的工作方法

ИЗДАНІЕ М. И. ВОДОВОЗОВОЙ.

Владиміръ Ильинъ.

РАЗВИТІЕ КАПИТАЛИЗМА ВЪ РОССІИ.

Процессъ образованія внутренняго рынка для крупной промышленности.

Цѣна 2 р. 50 к.

С.-ПЕТЕРБУРГЪ.
Типо-литографія А. Лейферта, Бол. Морская, 65.
1899.

《俄国资本主义的发展》一书封面（1899年彼得堡第1版）

列宁是个宣传家和鼓动家

了，书中他用大量实际材料证明尽管我国落后，资本主义仍在我们俄国发展了起来。

1902 年，列宁出版了《怎么办？》一书，书中指明了为把工人阶级引上正确的道路，在我国条件下工人阶级政党应该是怎样的一个党。

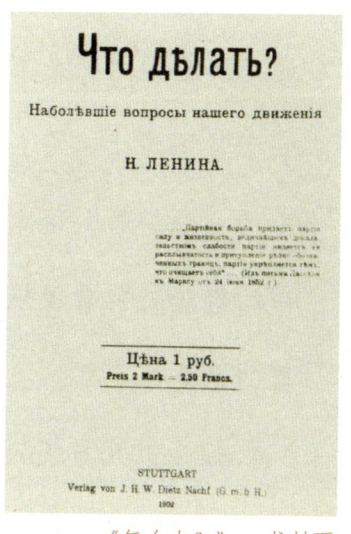

《怎么办？》一书封面
（1902 年斯图加特版）

1905 年，他写了《社会民主党在民主革命中的两种策略》这本小册子。

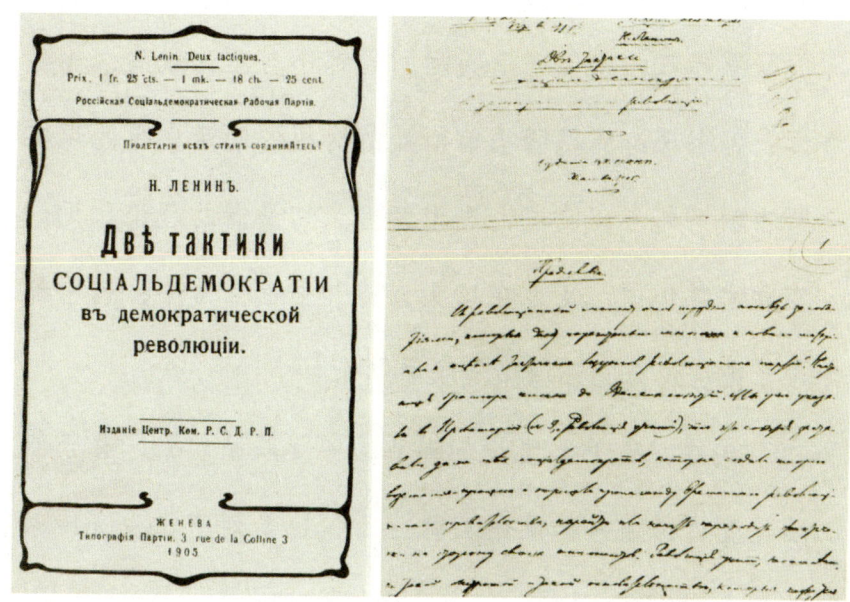

《社会民主党在民主革命中的两种策略》一书封面（1905 年日内瓦版）
《社会民主党在民主革命中的两种策略》手稿第 1 页

学习列宁的工作方法

1907年，当1905年革命的失败已明显地显露出来时（其原因之一是工人运动与农民运动的联系不够），列宁写了《社会民主党在1905-1907年俄国第一次革命中的土地纲领》这本大部头的著作，书中他根据此次革命的经验特别着重地指出巩固工人阶级和农民的战斗联盟的必要性。

往后，凡与工人运动有关的每一个关键问题，列宁都特别仔细地研究过，并把它们同马克思的理论联系起来。大家知道，列宁在世界大战正酣时写的《帝国主义论》一书以及十月革命前夜写的《国家与革命》一书，有多么重大的意义。列宁著作的特点在于他善于将理论与实际联系起来，任何一个实际问题都不与理论脱离，他善于把每个理论问题同当前所处的时机、同活生生的现实紧密联系起来，使理论成为读者亲切易懂的理论。无论在学术著作中，还是在口头宣传和书面宣传中，列宁都善于把理论与实际深刻地联系起来。

这样，善于把理论与鲜活的实际联系起来，善于使理论变得易懂并能阐明实际生活，也是列宁作为宣传家的特点。

列宁是个宣传家和鼓动家

列宁《社会民主党在1905—1907年俄国第一次革命中的土地纲领》一书手稿最后一页

学习列宁的工作方法

列宁在克里姆林宫里的录音设备前

列宁是个宣传家和鼓动家

列宁研究理论和实际环境不只是因为他有兴趣。列宁以马克思主义理论的光辉来照耀实际现象时，总是力求从这里做出足以指导行动的结论。列宁的宣传总是与在当下时刻必须做些什么的问题紧密地联系着。1917年二月革命后，伊里奇在瑞士做关于巴黎公社的报告时，不仅叙述了巴黎工人1871年夺取政权的情形，不仅引证了马克思对巴黎公社的评估，他还得出了俄国工人在夺取政权后应该做些什么的结论。列宁总是善于把理论变成行动的指南。

善于把理论变成行动的指南，是列宁作为宣传家的特点。

尽管列宁有渊博的学识，有作为宣传家的丰富经验——他做过很多报告，写过许多宣传文章，但是，他对于自己的每次发言、每篇报告、每次讲演都仔细准备。列宁的很多发言和报告提纲都保存下来了。看得出，列宁是如何细心地思索过自己每次有宣传性质的发言。通过这些提纲我们可以看到，列宁的发言内容多么丰富，他是如何善于把最必要、最重要的东西揭示出来，并用鲜明的例子来解释每一个想法。

学习列宁的工作方法

仔细地准备有宣传性质的发言，是作为宣传家的列宁具有的特点。

伊里奇在其带宣传性质的发言中从不回避困难问题、不模糊这些问题，恰恰相反，他极严格、极具体地提出这些问题。他不害怕尖锐的词句，特意把问题尖锐化，他并不以为宣传家的演说应当像涓涓细流那样平静；他的讲话很尖锐，常常有些粗暴，但却能深入记忆，使人兴奋，使人向往。

列宁是一个尖锐提问并以其热情吸引听众的宣传家。

弗拉基米尔·伊里奇总是仔细地研究群众，了解他们的劳动条件和生活条件，了解那些使他们激动的具体问题。他在群众面前的发言，总是针对着听众做的。他在报告、讲演和谈话的过程中，考虑到当时面对的听众特别激动的是什么，他们不明白的是什么，他们觉得特别重要的又是什么。伊里奇总是善于通过注意力的程度、通过问题、通过插话、通过发言抓住听众的情绪，善于迎合听众的兴趣，回答他们不清楚的问题，掌握着听众。

列宁是一个善于掌握听众，与听众建立必要的相互理解关系的宣传家。

最后，还必须指出，列宁和群众的关系曾使他的宣传具有怎样的力量。他对工人、农民——贫农和中农、红军的态度，不是高高在上，而是以一种平等的同志关系对待他们。对列宁来说，他们不是"宣传的对象"，而是很多历尽艰辛、熟思苦虑、要求对其需求加以注意的活生生的人。"他同我们谈话很郑重"，工人们讲到他时都这样说，并且特别珍视他那种朴实的同志的态度。听众看到，他所解释的问题就是他们的身边事，是使他们激动的问题，这样一来就特别使听众信服。

善于简明地解释自己的想法，用同志式的态度对待听众，这就是伊里奇的宣传力量所在，就是他的宣传特别卓有成效的原因所在。

宣传、鼓动和组织工作之间没有墙壁隔着。善于以自己的热情之火感染听众的宣传家，同时也就是鼓动家，善于将理论变为行动指南的宣传家，无疑就会使组织家的工作容易起来。

在列宁的宣传中，鼓动的声调和组织的成分都是很强烈的，但这并不减弱这种宣传的力量和意义。

让我们向宣传家伊里奇学习吧。

学习列宁的工作方法

列宁在工人中宣传（1895年）

马克思和恩格斯说："我们的学说不是教条，而是行动的指南。"列宁时常重述他们的这句话。他的全部活动都不致力于口头上，而在实际中把马克思主义作为广大工人阶级群众的行动指南。

列宁是个宣传家和鼓动家

1893年列宁到彼得堡后,就立即到工人小组中向工人们解释马克思如何估计现状,他如何看待社会发展的方向,他对工人阶级及其与资本家阶级的斗争赋予何种意义以及他为什么认为工人阶级的胜利不可避免。列宁尽可能简单地讲解,并从俄国工人的生活中举例说明;他看到工人们听得很有兴趣,并很好地领会马克思学说的原理,但是,同时他也感觉到只说"要广泛地开展阶级斗争"是不够的,还必须指明如何开展这一阶级斗争,围绕什么问题去组织阶级斗争。任务在于要拿出那些特别使工人群众愤激的事实,加以阐明并指出,为了消灭这些事实、改变这些事实应该做些什么。起初,在90年代,最使工人愤激的是冗长的工作时间、罚款、克扣工资、粗暴的态度等问题。列宁领导的小组就照这种路径来进行工作:到个别工厂的工人们那里去工作的同志,帮助他们向厂方提出某些要求,把这些要求加以解释并印刷在专门的传单上。这些传单把工人们团结起来了,他们团结一致支持传单上所提出的要求。

鼓动工作使工人群众积极行动起来了。

列宁1897年在其所著的《俄国社会民主党人的任务》

学习列宁的工作方法

这本小册子中写道:"同宣传工作紧密相连的,就是在工人中间进行**鼓动工作**,这个鼓动工作在俄国目前的政治条件和工人群众的发展水平下,自然成为首要的工作。在工人中间进行鼓动工作,这就是说社会民主党人要参加工人阶级的一切自发斗争,参加工人为工作日、工资、劳动条件等问题而和资本家发生的一切冲突。我们的任务,就是要把自己的活动和工人的实际日常生活问题结合起来,帮助工人理解这些问题,使工人注意到各种极严重的舞弊行为,帮助他们把他们向厂主提出的要求表述得更明确、更切实,提高工人对自身团结的认识,提高作为一个统一的工人阶级,作为全世界无产阶级大军的一部分的全体俄国工人对自己共同利益和共同事业的认识。"[1]

列宁在1906年讲到社会民主党的初选人和复选人应如何在农民中进行鼓动工作时写道:"……要证明无产阶级在**当前**革命中的先锋作用,一味重复'阶级的'这个词是不够的;要证明无产阶级的先进作用,单只阐明我们的社会主义学说和马克思主义的一般理论是不够

---

[1] 见《列宁全集》中文第二版增订版第2卷第432页。——译者注

列宁是个宣传家和鼓动家

列宁在流放期间撰写的《俄国社会民主党人的任务》一书（1898年日内瓦版）

的。为此还必须善于在分析**当前**革命的迫切问题时能够**实际**证明：工人政党的党员比其他一切人更彻底、更正确、更坚决、更巧妙地维护**这个**革命的利益，维护这个革命取得**完全**胜利的利益。"[1]

按照列宁的学说，鼓动是把理论和实践联系起来。这就是鼓动的力量所在。

鼓动在工人经济斗争的事业中起了巨大作用，教会了他们利用罢工作为与资本家斗争的方法，在改善工人阶级状况的事业上获得了许多成功。

但是，经济斗争的成功却在社会民主党人中引起了"经济主义"这一流派的出现，它表现为低估马克思主义理论，崇拜自发性，倾向于把无产阶级的任务仅仅限于做改善其经济状况的斗争，因而也就倾向于减少工人群众中的政治鼓动工作。

列宁1902年在《怎么办？》一书中反驳经济主义者时写道："没有革命的理论，就不会有革命的运动[2]。在醉心于最狭隘的实际活动的偏向同时髦的机会主义说教结合在一起的情况下，必须始终坚持这种思想。"[3]

---

1 见《列宁全集》中文第二版增订版第14卷第88页。——译者注
2 着重号是克鲁普斯卡娅加的。——译者注
3 见《列宁全集》中文第二版增订版第6卷第23页。——译者注

鼓动是调动群众积极性的一种方法，不仅马克思主义者运用，资产阶级在鼓动方面早就有了大量的经验。但鼓动和鼓动是不同的。列宁在党的第二次代表大会上说，只有"正确的理论上的决定就能**保证**鼓动工作取得稳固的成效"[1]。

对理论的低估，对理论意义的轻视，"**完全不管轻视者自己愿意与否，都是加强资产阶级意识形态对工人的影响**"[2]。因此，列宁认为有重要意义的，就是鼓动工作的内容。

他反对把鼓动内容归结为一种号召，要求把鼓动工作与解释工作联系起来。

列宁认为，鼓动工作的力量在于有正确的解释工作，形式上明了、简单的解释工作。1906年列宁在《社会民主党和选举协议》一文中写道："应当善于用简单、明了、群众易懂的语言讲话，坚决抛弃难懂的术语，外来语，背得烂熟的、现成的但是群众还不懂、还不熟悉的口号，决定和结论等一系列重炮。"[3]

当然，这并不是说列宁否认口号的益处。弗拉基米

1　见《列宁全集》中文第二版增订版第7卷第262页。——译者注
2　见《列宁全集》中文第二版增订版第6卷第36页。——译者注
3　见《列宁全集》中文第二版增订版第14卷第89页。——译者注

学习列宁的工作方法

尔·伊里奇1911年写道:"提出体现社会民主党选举纲领的简明的共同口号即选举口号常常是有益的,而且有时是必要的,因为这种口号提出了当前政治实践中最根本的问题,为全面开展社会主义宣传提供最方便、最迫切的理由和材料。"[1] 列宁不允许有任何蛊惑人心的宣传,不允许激发群众中的不良本能和利用其愚昧无知来玩弄把戏。他曾说:"我始终都要不停地重复说,蛊惑家就是工人阶级的最坏的敌人。"[2] 蛊惑人心的宣传,虚假的诺言总是令列宁愤慨。比如,社会革命党什么都向农民许诺。

列宁从来不把自己未深信的东西许诺给农民。他不允许为了达到成功而对我们的社会主义目的、对严格的阶级立场有所隐瞒。群众感觉到了这一点也明白列宁同他们谈话是"很郑重地"(一个工人回忆列宁1917年做鼓动演说时的说法)。

列宁强烈反对那些企图减少鼓动内容的"经济主义者"。他在《俄国社会民主党人的任务》(1897年)一书中就曾写道:"在经济方面,没有一个工人生活问题

---

[1] 见《列宁全集》中文第二版增订版第20卷第358页。——译者注
[2] 见《列宁全集》中文第二版增订版第6卷第117页。——译者注

列宁是个宣传家和鼓动家

不可以利用来进行经济鼓动，同样，在政治方面，也没有一个问题不可以当作政治鼓动的对象。这两种鼓动在社会民主党人的活动中是互为表里，密切联系的。无论经济鼓动或政治鼓动，都是为发展无产阶级的阶级自觉所必需的；无论经济鼓动或政治鼓动，都是为领导俄国工人的阶级斗争所必需的，因为任何阶级斗争都是政治斗争。"[1]

"全面的政治鼓动正是一个焦点，在这个焦点上，对无产阶级进行政治教育的迫切利益同整个社会发展和全体人民（指人民中的全体民主分子）的迫切利益一致起来了。我们的直接责任就是要过问自由派的每一个问题，确定自己即社会民主党人对这些问题的态度，采取措施使无产阶级积极参加解决这些问题，并且迫使问题按照我们的意图解决。"[2]

"试问，政治教育究竟应当有哪些内容呢？能不能局限于宣传工人阶级与专制制度敌对的观念呢？当然不能。只**说明**工人在政治上受压迫是不够的（正如只向工人**说明**他们的利益同厂主的利益相对立是不够的一样）。

1　见《列宁全集》中文第二版增订版第2卷第435页。——译者注
2　见《列宁全集》中文第二版增订版第6卷第250页。——译者注

学习列宁的工作方法

必须利用这种压迫的每一个具体表现来进行鼓动（正如我们已经开始利用经济压迫的具体表现来进行鼓动一样）。既然**这种**压迫是落在社会的各个不同阶级的身上，既然这种压迫表现在生活和活动的各个不同的方面，包括职业、一般公民、个人、家庭、宗教、科学以及其他等方面，那么我们如果不**负起责任**组织对专制制度的**全面政治揭露**，就**不能完成我们**发展工人的政治意识的**任务**，这难道不是显而易见的吗？为了利用压迫的具体表现来进行鼓动，不是应当把这些表现揭露出来吗（正如为了进行经济鼓动，应当把工厂里的舞弊行为揭露出来一样）？"[1]

当时在国外出版的秘密报纸《火星报》承担起了揭露政治压迫的任务。根据伊里奇的意见，该报的任务在于成为集体的宣传员、集体的鼓动员和集体的组织者，帮助把工人群众的积极性纳入一定的轨道，并提出具有最重要意义的问题。伊里奇1902年在《怎么办？》一书中写道："……全部政治生活就是由一串无穷无尽的环节组成的一条无穷无尽的链条。政治家的全部艺术就在

---

[1] 见《列宁全集》中文第二版增订版第6卷第54—55页。——译者注

列宁在农民的小木屋里

于找到并且牢牢抓住那个最不容易从手中被打掉的环节,那个当前最重要而且最能保障掌握它的人去掌握整个链条的环节。"[1]

《火星报》在列宁领导下善于选择最重要的问题,围绕这些问题开展最广泛的鼓动工作。

正确地建立起来并吸收广大工人群众参加的政治组织也就提高了鼓动员的作用。

伊里奇曾教导我们:鼓动家就是善于同群众讲话,善于用自己的热忱之火点燃群众的热情,善于抓住显著

---

[1] 见《列宁全集》中文第二版增订版第6卷第156页。——译者注

的、有说服力的事实的人民演说家。这种人民演说家的演说会在群众中找到回声,被革命阶级的毅力所拥护和支持。列宁本人就是这样的鼓动家,这样的人民演说家。

1905年夏,列宁在《社会民主党在民主革命中的两种策略》这本小册子中指出:"俄国社会民主工党的全部工作已经完全纳入了一个固定不变的范围,这个范围绝对能保证把工作重心集中于宣传和鼓动,集中于飞行集会和群众集会,集中于散发传单和小册子,集中于促进经济斗争和支持经济斗争的口号。"[1]

尽管鼓动已经成为经常性的工作,完全有了一定的形式,但这并不是说,列宁允许鼓动工作中有丝毫的形式化。

他要求善于用不同的方式去对待不同阶层的人民。1911年12月,伊里奇写道:"每个社会民主党人不论在什么场合发表政治演说,始终应当谈到建立共和国的问题。但是还要善于谈论建立共和国的问题:在工厂群众大会上和哥萨克农村中,在大学生集会上和农民小屋里,在第三届杜马讲坛上和国外机关报上等不同的场合

---

[1] 见《列宁全集》中文第二版增订版第11卷第86页。——译者注

谈论建立共和国的问题，决不能千篇一律。每个宣传员和每个鼓动员的艺术就在于，用最有效的方式影响自己的听众，在阐明某个真理时，要尽可能对他们有更大的说服力，使他们更容易领会，并且给他们留下更鲜明更深刻的印象。"[1]当然，这并不是说，对这些人应该说一种道理，对那些人又该说另一种道理。问题只在于方法有所不同。

我记得，我们那几年住在巴黎，到处参加各种选举会议。弗拉基米尔·伊里奇对社会民主党人在各种不同会议上如何发言的问题特别有兴趣。我记得，有一次我们听了一个社会主义者在工人大会上的演说，后来又听了他在知识分子、主要是小学教师的大会上演说。报告人在第二个大会上简直发表了和在工人大会上相反的演说。他是想在选举中得到更多的选票。我记得弗拉基米尔·伊里奇对这件事很愤慨地说到在工人面前是激进派，在知识分子面前就是机会主义者了！

列宁认为，善于根据当地材料解释一般的口号是极其重要的。列宁1905年以《无产者报》编辑部的名义给《工

---

[1] 见《列宁全集》中文第二版增订版第21卷第21—22页。——译者注

人报》写信说："应当想方设法利用中央机关报进行地方的宣传鼓动工作，在小报上不但要转载而且要**转述**中央机关报的思想和口号，并且根据当地条件等对它们加以**发挥**或者修改。这对于我们和你们之间在事实上进行合作，交换意见，修改我们的口号，使工人**群众**知道我们有一个固定的党中央机关报，是极其重要的。"[1]

要学会接近群众，就必须研究群众——列宁一直反复说到这一点。他孜孜不倦地研究群众，善于倾听群众，善于理解群众所说的话，善于抓住工农极力吐露出来的问题的实质。

1920年7月，在《关于共产国际第二次代表大会的基本任务的提纲》中，列宁在讲到无产阶级专政，讲到共产党员应该如何在各处为建立无产阶级专政做准备时写道："无产阶级专政就是由资本主义的全部历史准备好的去担负领导作用的唯一阶级，对一切被资本家阶级压迫、折磨、压制、恐吓、分裂和欺骗的被剥削劳动者实行最充分的领导。因此应该立即在各处用下列办法开始为建立无产阶级专政作准备。"讲到必须组织共产主义支部时，列

---

[1] 见《列宁全集》中文第二版增订版第11卷第323页。——译者注

宁继续说："这些彼此之间有密切联系、并同党中央也有密切联系的支部，应该互相交流经验，针对社会生活各个方面的情况，针对各类劳动群众的情况，进行鼓动、宣传和组织工作，通过这种多方面的工作不断地教育自己，教育党，教育阶级，教育群众。"然后写道："必须学会采取特别耐心和谨慎的态度，以便能够了解每个阶层、每个行业等等的群众的心理特点和特性。"[1]

学习接近群众——伊里奇认为这就是党为建立无产阶级专政要做的准备。他本人一生都以坚韧不拔的精神学习这一点。

在选择进行鼓动工作的口号时，列宁同样也不允许有任何形式化。选择口号的问题他赋予了特别的意义。1918年11月，弗拉基米尔·伊里奇在党的工作人员大会上做关于小资产阶级政党的报告时指出："任何一个口号都有可能变得僵硬而不符合需要。"[2] 在每个阶段的鼓动工作方面善于从许多事实组成的链条中挑选出把握全部链条、阐明全部现象的总和所必需的那个环节，这种灵活性、这种能力被伊里奇赋予了特殊意义。

---

[1] 见《列宁全集》中文第二版增订版第39卷第189、190页。——译者注
[2] 见《列宁全集》中文第二版增订版第35卷第226页。——译者注

学习列宁的工作方法

90年代初，我进到了学生小组，当时我还不是马克思主义者，小组的同志们把米尔托夫（拉甫罗夫）的《历史信札》拿给我读。这些信札给我留下了强烈的印象。过了几年以后，在舒申斯克流放的时候，我曾和伊里奇谈过这件事。我对这些历史信札的评论是很"温和"的。伊里奇则从马克思主义的观点批评了它。我的最后一个论据说的是："拉甫罗夫说'在一定时间是革命的旗帜，以后也可以成为反动的旗帜'时，难道他这话不对吗？"这个思想伊里奇表示同意，但他补充说，这并不能说整部书都是正确的。

党在其全部活动的过程中，一方面坚持自己的基本原则，另一方面根据变化的条件而经常改变其口号。工作的条件是经常变化的。

1905年夏天，伊里奇向俄国写信，说明使工人认识到在国外某地存在一个秘密出版两千份、秘密运入国境、

1　彼·拉·拉甫罗夫（米尔托夫）（1823—1900）——革命民粹派最著名的理论家。他在国外（起初在苏黎世，后来在伦敦）出版过《前进》杂志（1873—1876年），发表了为了进行长期宣传工作和用社会主义思想精神重新教育人民群众就必须"到民间去"的观点，与那些认为俄国人民已准备好实行社会主义革命而以到人民中去立即组织暴动为目的的巴枯宁暴动派的观点相对立。曾任《民意导报》编辑（1883—1886），直至1900年去世时都是民粹派观点最有威信的解释者。他所著《历史信札》一书曾对俄国革命知识分子产生巨大影响。——克鲁普斯卡娅注

列宁是个宣传家和鼓动家

秘密传播的党中央机关报的重要性。当时只有极少的报纸到了工人手里。但是，几个月以后条件就根本改变了。列宁1905年10月底在给普列汉诺夫的信中说："**现在我们影响无产阶级的最大讲坛是彼得堡的日报（我们能够发行10万份，力求使每份定价1戈比）。**"[1]

1911年12月，伊里奇写到了"国家杜马作为宣传讲台的巨大意义"[2]。自由派和立宪民主党人也是了解这个意义的，他们在第二届国家杜马时，就一直要求布尔什维克放弃自己把杜马当作鼓动讲坛的观点。

我再重复一遍，根据条件的变化，口号也应随之变化。

1897年，列宁在小册子《俄国社会民主党人的任务》中写到俄国社会民主党人不应当分散自己的力量，应当集中一切力量在城市无产阶级中间进行工作。到乡村去进行鼓动工作，在当时不过是白费力气罢了。而到了1907年伊里奇写道："应当十倍地加强我们在农民中间的鼓动工作和组织工作——就是这些农民正在乡村中忍饥挨饿，就是他们在去年秋天把自己的经历过伟大

---

1 见《列宁全集》中文第二版增订版第45卷第126页。——译者注
2 见《列宁全集》中文第二版增订版第21卷第34页。——译者注

伊里奇的声音　红色宣传车

革命的一年的儿子送去当兵。"[1]

在1917年2月以前布尔什维克是主张召集立宪会议的，但在1918年1月苏维埃政权成立后，他们就解散了立宪会议，因为从前这个革命的口号，后来却成为反动的口号了。

善于用马克思主义方法估计时机，善于在一切联系和因果关系中把握事变，在事变的发展中把握事变，确定工人阶级在当时为取得胜利必须怎么办——总而言之，由于用辩证的马克思主义方法估计时机，善于正确选择口号和把握主要环节的本领把党武装起来了。列宁在分

1　见《列宁全集》中文第二版增订版第14卷第388页。——译者注

列宁是个宣传家和鼓动家

析党在每个阶段的任务上做了很多工作。正确地选择口号,这就是把理论与实际联系起来,这就使鼓动工作特别有成效。布尔什维克在十月革命前所提出的和平的口号,关于土地的口号,是保证工人阶级取得胜利的口号,是深切激发全体农民群众和士兵群众的口号。列宁把那些虽然看起来很鲜明,但不是以估计实际情况为基础的口号叫做革命的空谈。

当1918年提出必须接受与德国媾和的苛刻条件问题,而有些人反对缔结和约并说必须进行革命战争时,列宁就在《论革命空谈》一文中反驳了他们。

列宁写道:"革命空谈就是在这种事变发生转折、既成局面已经造成的情况下,不顾客观形势而一味重复革命口号。口号很漂亮,很诱人,很醉人,但是毫无根据——这就是革命空谈的本质。"列宁继续说:"谁不愿意用空话、高调和叫喊来安慰自己,谁就不会不看到,主张在1918年2月进行革命战争的'口号'是一句毫无内容的空话,没有一点现实的、客观的根据。感情用事,一厢情愿,怒气冲冲,愤愤不平,就是这个口号在目前

学习列宁的工作方法

1912年4月勒拿金矿的工人集会

的唯一**内容**。而仅有这种内容的口号就叫做革命空谈。"[1]

在反动派最嚣张的1908年,伊里奇写道:"政治鼓动工作是决不会白做的。[2]衡量政治鼓动工作的成功与否并不仅仅是我们能不能马上获得多数或者使人们同意进行配合性的政治发动。也许我们还不能一下子就做到这一点,然而我们是有组织的无产阶级政党,决不会对暂时的挫折惶惑不安,即使在最困难的条件下,也会顽强地、勇往直前地、坚韧不拔地进行**自己的工作**。"[3]

实际生活证明了,伊里奇说得多么正确。1912年革命高潮开始了,1905年的传统又恢复起来了。这些传

---
1 见《列宁全集》中文第二版增订版第33卷第357、359页。——译者注
2 着重号是克鲁普斯卡娅加的。——译者注
3 见《列宁全集》中文第二版增订版第17卷第196页。——译者注

统帮助工人以盛大的群众罢工作为勒拿事件的回应。工人们立即恢复并发扬光大了这一传统。

列宁把革命的群众罢工称为无产阶级的鼓动方法。

1912年6月,他写道:"俄国革命第一次在广泛的规模上发展了这种无产阶级的鼓动、激励、团结和吸引群众参加斗争的方法。现在无产阶级又采用,而且更坚决地采用这种方法。世界上任何力量都不能实现无产阶级革命先锋队运用这种方法所实现的事情。一个幅员辽阔、拥有15 000万人口的国家,人民散居各地,彼此分离,备受压迫,没有权利,愚昧无知,在一大群官吏、警察和侦探包围下接受不到'不良影响'——现在这个国家**整个**都动起来了。工农中的最落后阶层也与罢工者发生了直接或间接的联系。一下子就有数十万革命鼓动员出现在舞台上,他们的影响在不断扩大,因为他们与下层群众有密切联系,他们始终生活在群众中间,他们为**每个**工人家庭最迫切的需求进行斗争,并且把政治抗议和反对君主制的斗争同这种直接争取实现迫切经济要求的斗争结合起来。由于反革命已经激起数百万、数千万群众对君主制的切齿痛恨,使他们对君主制的作用有了初

学习列宁的工作方法

步了解,现在首都先进工人提出的口号——民主共和国万岁!——正随着每次罢工,通过千万条渠道流传到落后阶层,流传到穷乡僻壤,流传到'民间',流传到了'俄国的腹地'。"[1]群众被事实说服了,他们不相信言词,而相信事实。列宁在苏维埃第三次代表大会上发言说:"我们知道,在人民群众中,现在响起了另一种声音。他们心中说:现在不用怕带枪的人了,因为他们保护劳动者,并且会无情地镇压剥削者的统治。这就是人民的感受。那些没受过教育的普通人讲述赤卫队正竭尽全力反对剥削者,这就是在宣传,而这种宣传所以不可战胜,原因也就在这里。"[2]

国内战争时期的鼓动工作采取了非常广的范围。当时在全俄中央执行委员会下组织了许多宣传列车和宣传轮船。弗拉基米尔·伊里奇很关注它们,对于选择人员、鼓动性质、所做工作的统计都作了指示。

苏维埃政权的各种法令有着重大的宣传意义和鼓动意义。列宁写道:"……假使我们拒绝用法令指明道路,那我们就会是社会主义的叛徒。这些在实际上不能立刻完全实行的法令,在宣传上起了很大的作用。以前我们的宣

---

[1] 见《列宁全集》中文第二版增订版第21卷第345—346页。——译者注
[2] 见《列宁全集》中文第二版增订版第33卷第274页。——译者注

列宁是个宣传家和鼓动家

传是讲大道理,现在**我们是通过工作来宣传了**。这也是一种宣传,但这是用行动做宣传,不过这不是某些出风头的人的单个行动,对这种人,我们在无政府主义和旧社会主义盛行的时代曾多次加以嘲笑。我们的法令是一种号召,但不是以往的那种号召:'工人们,起来推翻资产阶级!'不是的,这是号召群众,号召他们采取实际行动。**法令,这是号召群众实际行动的指令**。重要的是这一点。"[1]

伊里奇不仅把鼓动工作与宣传工作紧密联系起来,也把鼓动工作与组织工作紧密联系起来。鼓动工作帮助群众组织起来——从一开始列宁就这样说——团结他们,帮助他们齐心协力地行动。鼓动工作在革命时期具有巨大的组织意义,在建设社会主义的事业中,其组织意义也是巨大的。

鼓动的形式虽然有变化,但鼓动工作依然具有组织意义,正是用事业、用工作、用榜样来进行鼓动。

列宁对用榜样进行鼓动工作的问题给予了特别的意义。在1918年3—4月间写的《苏维埃政权的当前任务》

---

[1] 见《列宁全集》中文第二版增订版第36卷第188页。——译者注

学习列宁的工作方法

一文中,伊里奇着重指出在苏维埃政权下榜样具有的鼓动意义。"在资本主义生产方式下,个别榜样的意义,比如说,某个生产合作社的榜样的意义,必然是极其有限的;只有小资产阶级幻想家,才会梦想用慈善机构示范的影响来'纠正'资本主义。在政权转到无产阶级手里以后,在剥夺了剥夺者以后,情况就根本改变了,而且,如一些最著名的社会主义者多次指出过的那样,榜样的力量第一次有可能表现自己的广大影响。模范公社应该成为而且一定会成为落后公社的辅导者、教师和促进者。报刊应该成为社会主义建设的工具,详细介绍模范公社的成绩,研究它们取得成绩的原因和它们经营的

列宁《苏维埃政权的当前任务》封面(1918年莫斯科版)

方法;另一方面,把那些顽固地保持'资本主义传统',即无政府状态、好逸恶劳、无秩序、投机活动的公社

登上'黑榜'。"¹

列宁认为利用榜样来进行鼓动工作有巨大意义,因此他给予了社会主义竞赛巨大的鼓动意义。

伊里奇要求各部门实行社会主义竞赛,包括国民教育在内。1919年2月,他写信给教育人民委员部校外工作科说:"要办好图书馆(当然包括'农村阅览室'、各种阅览室,等等),最需要在各省、各团体、各阅览室等等之间开展**竞赛**。"² 随后他就详细讲到应根据什么问题来开展社会主义竞赛。

当国内战争快告终结时,伊里奇着重提出必须把宣传和鼓动工作转到新的轨道上,将其与社会主义建设任务,尤其是与经济建设任务,与计划经济任务尽量紧密地联系起来。

列宁说:"老式的宣传方法是讲解或举例说明什么是共产主义。但这种老式的宣传已毫无用处,因为我们需要在实践中说明应该如何建设社会主义。整个宣传工作应该建立在经济建设的政治经验之上。……现在我们主要的政治应当是:从事国家的经济建设,……正应当

---

1 见《列宁全集》中文第二版增订版第34卷第172页。——译者注
2 见《列宁全集》中文第二版增订版第35卷第464页。——译者注

学习列宁的工作方法

宣传员

根据这些来安排整个鼓动工作和宣传工作。……

"每一个鼓动员都应该是国家派出的指导者,应该在经济建设事业中指导全体农民和工人。"[1]

列宁要求全俄中央执行委员会的宣传列车和宣传轮船通过吸收农业技师、技术人员进入政治处,挑选技术书籍、内容适当的影片来加强经济工作和实际工作,要求摄制农业和工业主题的影片,定购国外的相关影片。

他要求政治教育委员会进行广泛的生产宣传,拟定

---

[1] 见《列宁全集》中文第二版增订版第39卷第449页。——译者注

列宁是个宣传家和鼓动家

这一问题的提纲,要求研究国外,尤其是美国的生产宣传和鼓动的形式,研究我们应用这些方法的经验。他在做俄罗斯国家电气化委员会报告时,要求吸引最广大工人群众参加电气化的工作,要求赋予为争取电气化统一计划的全部鼓动工作以政治意义,要求扩大工人的工艺眼界,没有这种眼界就不能了解计划经济的实质。

列宁极力想用鲜活的榜样和例证把苏维埃国家变成一个独特的宣传鼓动站——变成照亮全世界无产阶级的火炬。

本文首次发表是以小册子形式
1933 年由莫斯科政治书籍出版社出版

列宁——
党的报刊的
编辑者和组织者

> " 当我们讲到编辑者列宁时,我们当然注意到,列宁不是一般的编辑,而是一位党员编辑、一位共产主义者编辑,他总是力图在每篇文章、每句话、每个字里宣传共产主义思想,把报纸和杂志当作为共产主义斗争的武器。"

学习列宁的工作方法

公开刊物和秘密刊物

在沙皇的书报检查还极端猖獗的时候,只有在秘密的刊物上才有可能发表共产主义观点,进行宣传鼓动,帮助组织党和组织工人,作为新闻记者的列宁就是在这种情况下开始了自己的工作。

列宁是这么描述当时报刊的特点的:

"当存在着非法报刊和合法报刊的区别的时候,党的报刊和非党报刊的问题解决得非常简单而又非常虚假,很不正常。一切非法的报刊都是党的报刊,它们由各个组织出版,由那些同党的实际工作者团体有某种联系的团体主办。一切合法的报刊都是非党的报刊(因为党派属性是不准许有的),但又都'倾向'于这个或那个政党。畸形的联合、不正常的'同居'和虚假的掩饰是不可避免的;有些人没有成熟到具有党的观点,实际上还不是党的人,他们认识肤浅或者思想畏缩,另一些人想表达党的观点,出于无奈而吞吞吐吐,这两种情况混杂在一起了。"[1]

---

[1] 见《列宁全集》中文第二版增订版第12卷第92页。——译者注

列宁——党的报刊的编辑者和组织者

90年代当马克思主义开始在我国传播时,革命的马克思主义者曾力图打进合法刊物中去,以便通过这种刊物扩大自己的影响。然而,在经过沙俄书报检查的刊物上,革命的马克思主义者当年只有在掩盖和伪装的形式下,才能把自己的思想偷偷传出去,也只能用"暗语"、暗示的方式写作。马克思主义观点的文章当时很难读到,但这样的文章却是必要的。伊里奇不止一次拿车尔尼雪夫斯基作例子,他在当时最困难的检查条件下善于说出很多东西。同时伊里奇很器重他还有一个原因,就是在不可能说出自己观点的时候,车尔尼雪夫斯基善于缄默,而不说违背他信念的话。

经过当时沙俄书报检查的合法杂志完全不能涉及最重要的问题,之所以不能涉及,是因为在某些问题上与其说半句话或只说四分之一,倒不如不说的好。偷偷传播革命的马克思主义观点只能是在带有理论性质的文章里,比如关于统计、关于市场等文章,但是即使在这些文章里,沙俄的书报检查机关也很快学会了把它们揭露出来,破解了"暗语",把任何活的马克思主义思想的萌芽通通勾掉。

学习列宁的工作方法

弗拉基米尔·伊里奇曾为当时的合法杂志《开端》和《新言论》写作文章，但自己没有编辑任何合法杂志，也没有参加任何编辑部的工作。

社会民主党的秘密刊物是从传单开始的。但是，当时必须创办一个共同的党刊。

1900年弗拉基米尔·伊里奇在《火星报》和《曙光》杂志编辑部声明草案中写道：

"首先，必须出版一个共同的党的刊物，所谓共同并不是仅仅在于：它是为全俄国的运动服务，而不是为个别地区服务；它讨论的是整个运动的问题，并且帮助有觉悟的无产者进行斗争，而不只是讨论一些地方性的问题。所谓共同还在于它能够联合现有的一切写作力量，反映俄国社会民主党人（他们不是彼此隔绝的工作人员，而是由共同的纲领和共同的斗争联合在一个组织中的同志）的各种不同的意见和观点。"[1]

列宁认为，组织党的报刊这件事具有重大的意义。在俄国出版秘密报纸是不可能的，因为它屡次遭到破坏。列宁打算在彼得堡出版秘密的小型杂志《工人事业》也

---

[1] 见《列宁全集》中文第二版增订版第4卷第285页。——译者注

被破坏了。

因此,为了在国外创办全俄杂志和报纸,列宁就到国外去了。

列宁是怎样划分报纸和杂志的区别呢?请看他关于这个问题所写的一段话:

"至于杂志和报纸怎样就我们所提出的这些题目和问题进行分工,将完全根据两者篇幅和性质的不同而定:杂志主要是宣传,报纸主要是鼓动。但是,无论在杂志或报纸上都必须反映运动的各个方面的情况,所以我们想特别强调我们反对工人报纸只发表一些和自发的工人运动直接有关的东西,而把一切有关社会主义理论,有关科学、政治、党的组织问题,等等方面的东西统统交给'供知识分子阅读'的机关报。相反,我们认为必须把工人运动中的一切具体事例和表现同这些问题联系起来,必须从理论上阐明每一个事件,必须向最广大的工人阶级群众宣传政治问题和党的组织问题,必须在鼓动中提出这些问题。目前,在我们这里差不多还占着绝对优势的鼓动方式,也就是利用地方小报进行鼓动的方式,已经显得不够了,因为这种鼓动方式的范围狭小,只涉

学习列宁的工作方法

及地方问题,而且主要是经济问题。必须设法建立一种更高级的鼓动方式,即通过报纸来进行鼓动,报纸定期报道工人的控诉、工人罢工的情况和无产阶级斗争的其他形式以及全国一切政治压迫的表现,并且从每一件事实中做出符合于社会主义的最终目的和俄国无产阶级的政治任务的明确结论。"[1]

至于全俄党报的问题,伊里奇认为它具有极大的意义,他明白这种机关报的任务是非常广泛的。他认为,报纸应该成为集体的宣传员、集体的鼓动员和集体的组织者。报纸应该和党组织、和工人群众日益密切地联系起来,从他们那里获取消息,捕捉他们的情绪,回答党组织和群众关心的问题;它应该把党组织和工人群众团结在党的一定口号周围,应该以马克思主义理论的光辉照亮一切时事问题。

弗拉基米尔·伊里奇在1901年5月第4号《火星报》上发表的《从何着手?》一文中,关于报纸的作用问题说得非常好。

在《火星报》第52号之前,列宁参加了编辑部的工作,

---

[1] 见《列宁全集》中文第二版增订版第4卷第287—288页。——译者注

载有列宁《专制制度和无产阶级》一文的《前进报》创刊号　　　　《前进报》的征订广告

他退出《火星报》编辑部是因为孟什维克在那里取得了领导地位。

后来,1905年,布尔什维克的《前进报》开始出版:一共出版了18号(公历1月4日—5月18日)。

弗拉基米尔·伊里奇是《前进报》编辑部成员。党

学习列宁的工作方法

的第三次代表大会决定出版《无产者报》代替《前进报》，并把列宁选为唯一的责任编辑。

国外出版物的印数很少，运输和推广方面都遇到了很大的困难。

因此，很显然，伊里奇对1905年革命打破了书报检查枷锁使日报得以合法出版表示莫大的欣慰。

1905年10月，伊里奇在动身回俄国前写信给普列汉诺夫说："新的公开的报纸（它将拥有几万，甚至几十万工人读者）和国内将来的全部工作，使俄国无产阶级非常需要您的渊博知识和丰富的政治经验，这一切将造成一个**新的基础**，在这个基础上最容易忘掉旧事，并在生气勃勃的工作中协调起来。"[1]

1905年11月26日（俄历13日）第12号《新生活报》[布尔什维克的第一份公开报纸，1905年11月9日（俄历10月27日）开始出版，刊行到1905年12月16日（俄历12月3日）为止]上登载了列宁《党的组织和党的出版物》一文，伊里奇在这篇文章中写道：

"出版物现在有十分之九可以成为，甚至可以'合

---

[1] 见《列宁全集》中文第二版增订版第45卷第126页。——译者注

列宁——党的报刊的编辑者和组织者

布尔什维克的合法报纸《新生活报》创刊号

法地'成为党的出版物。出版物应当成为党的出版物。与资产阶级的习气相反,与资产阶级企业主的即商人的报刊相反,与资产阶级写作上的名位主义和个人主义、'老爷式的无政府主义'和唯利是图相反,社会主义无产阶

学习列宁的工作方法

级应当提出**党的出版物**的原则，发展这个原则，并且尽可能以完备和完整的形式实现这个原则。……写作事业应当成为社会民主党有组织的、有计划的、统一的党的工作的一个组成部分。"[1]

"无可争论，写作事业最不能作机械划一，强求一律，少数服从多数。无可争论，在这个事业中，绝对必须保证有个人创造性和个人爱好的广阔天地，有思想和幻想、形式和内容的广阔天地。这一切都是无可争论的，可是这一切只证明，无产阶级的党的事业中写作事业这一部分，不能同无产阶级的党的事业的其他部分刻板地等同起来。这一切绝没有推翻那个在资产阶级和资产阶级民主派看来是格格不入的和奇怪的原理，即写作事业无论如何必须成为同其他部分紧密联系着的社会民主党工作的一部分。报纸应当成为各个党组织的机关报。写作者一定要参加到各个党组织中去。出版社和发行所、书店和阅览室、图书馆和各种书报营业所，都应当成为党的机构，向党报告工作情况。有组织的社会主义无产阶级，应当注视这一切工作，监督这一切工作，把生气

---

[1] 见《列宁全集》中文第二版增订版第12卷第93页。——译者注

勃勃的无产阶级事业的生气勃勃的精神，带到这一切工作中去，无一例外，从而使'作家管写，读者管读'这个俄国古老的、半奥勃洛摩夫式的、半商业性的原则完全没有立足之地。……我们要创办自由的报刊而且我们一定会创办起来，所谓自由的报刊是指它不仅摆脱了警察的压迫，而且摆脱了资本，摆脱了名位主义，甚至也摆脱了资产阶级无政府主义的个人主义。……资产阶级个人主义者先生们，我们应当告诉你们，你们那些关于绝对自由的言论不过是一种伪善而已。在以金钱势力为基础的社会中，在广大劳动者一贫如洗而一小撮富人过着寄生生活的社会中，不可能有实际的和真正的'自由'。作家先生，你能离开你的资产阶级出版家而自由吗？你能离开那些要求你作诲淫的小说和图画、用卖淫来'补充'、'神圣'舞台艺术的资产阶级公众而自由吗？要知道这种绝对自由是资产阶级的或者说是无政府主义的空话（因为无政府主义作为世界观是改头换面的资产阶级思想）。生活在社会中却要离开社会而自由，这是不可能的。资产阶级的作家、画家和女演员的自由，不过是他们依赖钱袋、依赖收买和依赖豢养的一种假面具（或

学习列宁的工作方法

一种伪装）罢了。

"我们社会主义者揭露这种伪善行为,摘掉这种假招牌,不是为了要有非阶级的文学和艺术（这只有在社会主义的没有阶级的社会中才有可能）,而是为了要用真正自由的、**公开**同无产阶级相联系的写作,去对抗伪装自由的、事实上同资产阶级相联系的写作。

"这将是自由的写作,因为把一批又一批新生力量吸引到写作队伍中来的,不是私利贪欲,也不是名誉地位,而是社会主义思想和对劳动人民的同情。这将是自由的写作,因为它不是为饱食终日的贵妇人服务,不是为百无聊赖、胖得发愁的'一万个上层分子'服务,而是为千千万万劳动人民,为这些国家的精华、国家的力量、国家的未来服务。这将是自由的写作,它要用社会主义无产阶级的经验和生气勃勃的工作去丰富人类革命思想的最新成就,它要使过去的经验（从原始空想的社会主义发展而成的科学社会主义）和现在的经验（工人同志们当前的斗争）之间经常发生相互作用。"[1]

《新生活报》12月被查封了。1906年5月9日（俄

---

[1] 见《列宁全集》中文第二版增订版第12卷第94、95、96—97页。——译者注

历4月26日）起又开始每日发行布尔什维克的《浪潮报》；出了25号，弗拉基米尔·伊里奇任该报编辑，很多号报纸都被没收了，报纸因登载许多犯禁的文章遭到法庭判处，结果也被查封了。取代它出版的是《前进报》；出了17号，后来这个报纸也停刊了。又开始出版《回声报》，共出了14号，所有各号均被没收，报纸也停刊了。

列宁从革命高潮最初开始时起就预见到，革命可能会被镇压，并坚持保留秘密的机关报《无产者报》。革命高涨时该报很少出版，而且是在芬兰出版。这意义重大，因为这使党组织即使在合法报纸被查封期间也能一直表达自己的观点。

1908年起《无产者报》迁到日内瓦，后来又迁往巴黎。1910年中央全会决定停办各派别的合法报纸，《无产者报》也包括在内，把《社会民主党人报》作为全党的机关报。列宁起先编辑《无产者报》，后来又加入了《社会民主党人报》编辑部。

在《社会民主党人报》编辑部，列宁起初只得同孟什维克一起工作。他说，这"简直令人厌恶"，但当时为了工作起见也就同意了。在1912年布拉格代表会议之后，《社

学习列宁的工作方法

会民主党人报》完全成为布尔什维克的机关报,并刊行到1917年为止。

在反动年代想也想不到会有自己的合法报纸。但到1910年底已开始显现出某些高涨的征兆,到12月底就开始在彼得堡出版合法的日报《明星报》了。在莫斯科则出版了布尔什维克的《思想》杂志。伊里奇在给高尔基的信中问:"您觉得《明星报》和《思想》杂志怎么样?我认为前者没有生气,而后者则完全是我们的,我非常喜欢它。只怕很快有人会把它搞垮。"[1]

结果正是如此。

1911年曾是高涨的年份,这是从各方面都已能感觉得到的。在巴黎城郊隆瑞莫,布尔什维克组织了工人党校,巩固了与俄国的联系。1911年底在彼得堡办妥了出版布尔什维克的《启蒙》杂志的问题。1912年1月,召开了党的布拉格代表会议,

---

[1] 见《列宁全集》中文第二版增订版第46卷第17页。——译者注

列宁——党的报刊的编辑者和组织者

隆瑞莫党校的隐秘入口

列宁在1912年布拉格代表会议上

列宁——党的报刊的编辑者和组织者

《真理报》创刊号

这次会议是由布尔什维克组织的,在组织党今后的全部工作中起了巨大作用。1912年4月4日发生了勒拿惨案,工人群众举行了许多政治罢工作为回答。《真理报》就在这一高涨的时期诞生了。1912年5月5日(俄历4月22日)出版了第1号。

伊里奇在给高尔基的信中说:"俄国正出现的是**革命的**高潮——不是别的什么高潮,而正是革命的高潮。而且我们办成了每日出版的《真理报》,顺便说一句,这全靠笨蛋们对之狂吠不已的那次(一月)代表会议。"[1]

---

[1] 见《列宁全集》中文第二版增订版第46卷第145—146页。——译者注

学习列宁的工作方法

今年我们将庆祝《真理报》二十周年纪念。[1]《真理报》作为合法日报已在党的岗位上服务20年了。它历经艰辛。列宁1905年在论服务于千百万劳动者的党报的意义时所说的话,对它是完全适用的。《真理报》的工作就是在联共(布)中央直接领导下,把党的指令、列宁的原则传达到群众中去。

只有原则上和谐一致与干练的编辑部才能把报纸工作提到应有的高度

弗拉基米尔·伊里奇认为,编辑部在原则上和谐一致与团结具有极其重大的意义。只有这种思想上的团结才能保证杂志或报纸在方针上的党性。编辑部不能像克雷洛夫寓言故事里那样组成,让天鹅、狗鱼和虾共同拉一辆大车。在第二次侨居国外期间,布尔什维克的机关报《无产者报》在国外出版(1908—1909年)。起初,列宁、波格丹诺夫和英诺森(杜勃洛文斯基)参加了编

---

[1] 此文作于1932年。——译者注

辑部。后来，列宁和英诺森一方同波格丹诺夫一方之间发生了哲学上的争论。还在1908年夏天的时候，伊里奇在给沃罗夫斯基的信中就谈到了与波格丹诺夫日益迫近的分裂问题："真正的原因是在几次学术讲演中（绝不是因编辑工作）尖锐地批评了他的哲学观点，他生气了。"[1] 从这个放在括号里的话可以看出，在编辑部内伊里奇是不愿意把问题尖锐化的，但没有办到。一年后，波格丹诺夫在《无产者报》编辑部扩大会议上宣布退出布尔什维克派。他住在卡普里岛高尔基家时，大肆批评《无产者报》。请看1909年弗拉基米尔·伊里奇关于这个问题写给高尔基的一段话：

"您和马克西莫夫[2]所认为的《无产者报》不真诚、不中用，等等看法，是说明对目前整个形势（当然也包括对马克思主义）所持的另外一种完全不同的观点。我们几乎两年没有进展了，老是谈那些实际生活早已解决而马克西莫夫仍然认为'有争论的'问题。如果我们再'争论'这些问题，那我们现在仍然要白费力气而毫无进展。如果各走各的，我们将会直截了当地、明确地向工人指

---

[1] 见《列宁全集》中文第二版增订版第45卷第198页。——译者注
[2] 指亚·亚·波格丹诺夫。——译者注

学习列宁的工作方法

列宁在工人中宣传

出两条出路。工人社会民主党人会轻而易举地、迅速地作出抉择，因为不去针对另一个新的环境，针对已发生变化的、要求具有不同方式和不同组织形式的时期采取革命**方法**，而一味保存（在罐头里）1905—1906年间的革命词句的策略，是一种僵死的策略。无产阶级不断参加到革命中来，但是和1905年以前**不同**，而那些'相信'不断参加，但是**不了解**这种'不同'的人，**必然**会认为我们的立场是不真诚、不中用、枯燥无味，是以不相信无产阶级和社会主义为基础的，等等。由此产生的意见

《无产者报》扩大编辑部会议会址（原巴黎卡皮特咖啡馆）

学习列宁的工作方法

分歧无疑足以使分裂（至少是国外的）不可避免。但是这种分裂还没有达到布尔什维克和孟什维克间那种分裂的深度，如果这里指的是党、社会民主党、马克思主义者间分裂的深度的话。"[1]

在弗拉基米尔·伊里奇看来，只有原则上的和谐一致才能保证杂志和报纸的影响，保证必需的彻底性。在有弗拉基米尔·伊里奇参加的所有编辑部里，他都起了巨大的领导作用。事实上是他在领导报纸和杂志。但是，他总是依靠集体组织。《火星报》编辑部的历史最好不过地说明了弗拉基米尔·伊里奇对编辑部成员特点的看法。他在第二次代表大会上提出了一个干练的三人小组。参加这个三人小组的是普列汉诺夫、列宁、尔·马尔托夫。列宁极为重视普列汉诺夫，认为他是与民粹主义者、伯恩施坦派和经济主义者进行过卓越斗争的理论家。但他也知道普列汉诺夫的弱点。多年侨居国外，那些年党还没有建立，工人运动才刚开始，所有这些给普列汉诺夫本人留下了深刻的印记。普列汉诺夫与当时正在开展的工人运动隔绝了。从他不注意工人的通信，不善于倾

---

[1] 见《列宁全集》中文第二版增订版第45卷第277页。——译者注

列宁——党的报刊的编辑者和组织者

听从各地来的工作人员的意见,并很少向他们提出实际问题等事实中,就能看得出来。此外,他很骄傲自大,任何的批评都忍受不了,简直是用恐怖手段威胁自己劳动解放社的同事——查苏利奇和帕·波·阿克雪里罗得。弗拉基米尔·伊里奇有渊博的理论知识,并借此把实际工作提到了更高的阶段。理论教会他仔细地观察实际生活,把握实际生活中最必需和最主要的东西,另一方面——革命的实践又推动他的思想前进,教会他更深刻地提出问题。和普列汉诺夫相比,伊里奇完全是另一种类型的理论家。但如果说(有些人曾企图这样做),普列汉诺夫是理论家,列宁则是实干家,其实不是这样。列宁也是理论家,但完全是另一种类型,另一时代,与整个建党事业、与党的全部工作有机联系着的理论家。这就是他有力量的地方。伊里奇没有学术理论家的傲慢色彩,他对一切问题都是从党的利益和工人阶级利益的观点出发。他也是从这一观点上观察自己的,他明白自己是有力量的。弗拉基米尔·伊里奇评价尔·马尔托夫是一个典型的新闻记者。他极易受感动。因而他善于了解在群众中和在地方发生的情况,善于回应当前发生的

学习列宁的工作方法

事变,这是他寝食不忘的事情。列宁很看重尔·马尔托夫的这一特点。由于尔·马尔托夫易受感动,也很容易受到各种影响。由普列汉诺夫、列宁、尔·马尔托夫组成的三人小组是最干练的三人小组。至于波特列索夫、维拉·查苏利奇和帕·波·阿克雪里罗得的三人小组,他们和普列汉诺夫、列宁、尔·马尔托夫一同参加了代表大会前《火星报》编辑部的工作,列宁认为他们妨碍了编辑部的务实工作及其和谐。波特列索夫根本很少参加《火星报》编辑工作。很了解他的亚历山德拉·米哈伊洛夫娜·卡尔梅柯娃在谈到他时说:"他是个少爷,除非有南海波涛般的妙景和棕榈树影下的味道,否则他是不写作的。"至于说到维拉·伊万诺夫娜·查苏利奇和帕维尔·波里索维奇·阿克雪里罗得,他们从来不敢反驳普列汉诺夫、不同他争论,并且在表

尔·马尔托夫
(尤利·奥西波维奇·策杰尔包姆)

决时总是赞成他的观点。普列汉诺夫因为在实际上拥有三票，高傲自大，很任性，把大量时间花在毫无结果的争论上，让人很生气。

这些事情如果用现代的语言来表示，那就应当说，普列汉诺夫和列宁对一长制持两种不同的观点。

普列汉诺夫对一长制是这样理解的：他就是编辑部，编辑部就是他。他是个极端的个人主义者。列宁则是十足的集体主义者。他对编辑工作的责任感不亚于普列汉诺夫，但他力图尽量发挥编辑部每一个成员的力量，取得他们每个人所能给予的一切，善于配合力量。编辑工作也给予了他本人很多。他深入一切细节，因而也就大大影响了其他编辑，并善于按他认为所必需的那样来领导报纸工作。伊里奇是真正的编辑者。

编辑者列宁的工作

> "我记得,每个主题都周详地讨论过。我记得,关于选择什么主题的问题,列宁和普列汉诺夫做过长时间的谈话,并交换意见,甚至连主题的配置——什么问题放在前面,什么问题放在最后,也都热烈地讨论过。"

学习列宁的工作方法

列宁注意编辑工作的哪些方面，可以从他给卡斯帕罗夫同志的信中看出来。1913年卡斯帕罗夫给《启蒙》杂志写了一篇关于民族问题的文章。

伊里奇写信给他说："亲爱的同志：您的文章我已经收到并读过了。依我看，题目选得很好，论述也很正确，就是文字加工不够。'鼓动'得有点（怎么说好呢？）过头，和谈**理论**问题的文章不相称。我看，或是您自己再加一

列宁与普列汉诺夫

下工,或是由我们试改一下。"[1]

这样,主题的选择,主题的发挥,文学上的修饰,这就是伊里奇关注的三大要素。

主题的选择具有重大意义。要选择政治上重要、有切实意义、涉及最迫切问题的主题。

我观察过《火星报》编辑部的工作。我记得,每个主题都周详地讨论过。我记得,关于选择什么主题的问题,列宁和普列汉诺夫做过长时间的谈话,并交换意见,甚至连主题的配置——什么问题放在前面,什么问题放在最后,也都热烈地讨论过。《火星报》编辑部大家聚在一起时(或者通过通信的方式),就详细地讨论每一个主题——它的共产主义比重。看到了这种编辑工作,我就在无意中感觉到主题的选择是有多么重大的意义。

当然,对于《火星报》来说这有着特别的意义。当时还没有中央委员会,《火星报》是党唯一的和真正的领导机关。这时是个必须做出最基本的理论原则和策略方针的时期。现在情况不同了,主题的规定和从前相比要容易得多,但人们常常忘记,主题的规定具有何等决

---

[1] 见《列宁全集》中文第二版增订版第46卷第308页。——译者注

定性的意义。在我们的许多杂志和报纸上，主题的选择常常是任其自流。这里我们应该向列宁学习。

选题问题与计划性问题是密切联系着的。选择主题，配置主题——这就是计划。计划的一般性质是党在某个时期、某个阶段上的一般任务决定的。在伊里奇起草的《火星报》和《曙光》杂志编辑部声明草案中准确、清楚地说到了这一点。[1]但是，如果以为这对于杂志，尤其是对于报纸已经够了，那是不正确的。每一期的计划都要针对当时的迫切问题。它应该把一般的原则具体化，使每一期与"瞬息万变的实际生活"更加密切地联系起来。不然，计划就是死的计划。

当然，出版秘密刊物，又是在国外出版秘密刊物，这种条件会使报纸运到目的地时，某些问题已然呈现另一种局面了。然而，伊里奇总是特别注意选题的迫切性，注意计划与实际生活的深刻联系。

主题的论述对杂志和报纸说来，其意义不亚于主题的选择。主题的论述决定作品的立场。主题也许选择得很好，但主题的论述决定着问题阐明得是否正确；同一

---

[1] 见《列宁全集》中文第二版增订版第4卷第282—291页。——译者注

主题既可以从革命马克思主义的观点上发挥，又可以从民粹派的观点上发挥，也可以从自由派的观点上发挥。问题的关键就在于论述主题的方法。但是，即使同一派别的人写出来的主题，其细微之差亦非常重要，把什么问题提到首位，特别注意哪些地方，在何种联系和因果关系中把握问题，这也非常重要。

对于青年记者来说，特别重要的是通过列宁的文章研究他论述主题的方法。伊里奇写文章的方法使这一工作容易了。他在写文章前，通常先写好文章的提纲。根据提纲就可以探讨伊里奇的全部思维过程。有许多文章的提纲被伊里奇修改过两次或三次；最有趣的是把这些提纲比较一下，并确定伊里奇为什么改变了文章的计划，修改后的计划比原先的计划好在什么地方，他在哪个方向上改变了论述主题的方法。

另一个方面也可以通过伊里奇的文章来探讨。他有这样一个特点，就是在工人运动发展的不同时期、不同阶段来论述同一个主题。基本的意思不变，但是从另一个方面来阐明；在较早时期更具有理论性，而较晚时期更具有鼓动性。例如，90年代伊里奇就在《什么是"人民之友"以及他们如何攻击社会民主党人?》一文中写到宗教观念与落后经营形式的联系,揭示了"人人为自己,上帝为大家"这一论断的根源。1920年,当关于过渡到新的经营形式问题成为当前迫切问题时,伊里奇在非党工人和红军战士代表会议上也涉及了这个问题。再如马尔萨斯主义问题,90年代他在《评经济浪漫主义》[1]一文中分析过,证明马尔萨斯主义的小资产阶级性,后来,当1913年医生代表大会提出这个问题时,他在《工人阶级和新马尔萨斯主义》[2]一文中又说到这一问题。把不同场合下论述主题的方法比较一下,是很有趣的。我只举这两个例子。在列宁的文章中可以找到很多这样的例子。在这些例子中可以再好不过地看到,列宁怎样把先前从科学观点上研究过的某些问题与不同时期的迫切问题联系起来,他怎样在新的联系中、从新的方面和在新的情况下观察问题。1922年有一次我同伊里奇谈过这个问题,他认为,重要的是要看谁来阐明这个问题,因为这个问题与对待主题的辩证态度问题有关。这个问题需要做大量研究工作。它能给予很多东西。在《火星报》

---

[1] 见《列宁全集》中文第二版增订版第2卷第102—231页。——译者注
[2] 见《列宁全集》中文第二版增订版第23卷第265—267页。——译者注

编辑者列宁的工作

编辑部内关于主题的论述法进行过非常热烈的辩论。作为《火星报》编辑部秘书，讨论这些问题时我得以列席参加。主题论述法的讨论特别加深了问题的全部提法。

最后是文学形式问题。形式应该与内容呼应。文章的语言和腔调应该适合文章的论旨。理论问题的文章不能用鼓动的腔调来写，鼓动性的文章不能用学院式的语言来写。文学的形式，这是一种艺术。腔调、体裁、善于生动地叙述、进行必需的比较在这里都很重要。伊里奇赋予写作形式重大意义，他在自己的语言、自己的体裁上下了很大功夫。关于伊里奇的语言和体裁问题大家写得不少。伊里奇逝世后不久，《左翼艺术阵线》杂志上登载的一篇文章我特别喜欢。这篇文章阐明了，伊里奇讲话的结构如何使讲话富有热情，如何能够强调其基本思想和色彩。弗拉基米尔·伊里奇曾就读于古典中学，花费过大量时间研究拉丁文和希腊文。但这却唤起了他对语言学的兴趣。他能一连坐几个钟头翻阅各种词典，也包括达里的词典，在最后的一段时间他特别关心这部词典的再版问题。伊里奇的语言很丰富，他使用了许多民间的俗语和说法。校对员时常没觉察出这是从列宁著

学习列宁的工作方法

作中引证的话，在某个俗语或说法旁边的空白处标了问号或惊叹号，有时则径直按自己的意见修改起来了。但许多列宁著作里的话，特别是鼓动性著作里的话，群众感到特别亲切，特别易于理解。

弗拉基米尔·伊里奇在自己的语言上下了很多功夫。弗拉基米尔·伊里奇在流放地给帕·波·阿克雪里罗得写信时说，我最想要做的，就是学会为工人写作。[1] 我在流放地写给弗拉基米尔·伊里奇母亲的一封信里，描写了伊里奇如何在这个工作上利用我的帮助；有时我应把自己装成一个既不懂外国术语和科学术语，又不知道某些常识的"无知"读者。

善于写作，这是一种艺术。弗拉基米尔·伊里奇特别器重编辑部和同事中那些具有写作才干的人。这不仅是体裁和语言的问题，还是发挥问题和阐明问题的整个方式。在这方面列宁特别器重阿纳托利·瓦西里耶维奇·卢那察尔斯基，屡次提到了这一点。有时候，某个人说出了某个正确而有趣的想法，阿纳托利·瓦西里耶维奇就能立即抓住这个思想，还能特别漂亮、完美地把它表述

---

[1] "我最大的希望和幻想得最多的就是能够为工人写作。"见《列宁全集》中文第二版增订版第44卷第13页。——译者注

出来，给它穿上这样一件华丽的外衣，竟使这一思想的作者也为之惊奇，怀疑这是不是他的思想，这种简单而且常常是粗笨的想法，居然变成了这样意外雅致、迷人的形式。我几次参加了弗拉基米尔·伊里奇与阿纳托利·瓦西里耶维奇的谈话，看到他们如何彼此"充电"的情形。

现在我要指出，伊里奇是如何与编辑以及身边的同事一起工作的。例如，要阐明某个新的主题。开始谁也没表示愿意写作。于是伊里奇就找他认为最适于写作这一主题文章的人谈话，开始劝说他。并且不立即提出要写这个主题，而是先同他谈这个主题涉及的问题，引起他对于这些问题的兴趣，把他引到一定的方向上去，听对方说什么。有时候事情没有进展下去，伊里奇就另找旁人，又开始同他谈话，当看到对方"上钩"时，他就开始更详细地讨论问题，通过对方的回答和对话看出这个人将怎样论述问题，那时他就详细地叙述自己的意见，更加详细地发挥自己的观点。然后他就提议："你来写写这个问题吧，你会写好的。"于是这位被伊里奇的态度所诱导的人就答应了，而且常常叙述出来的简直是列宁的意见。在《前进报》和《无产者报》上有很多没署名的文章。于是就有人争论起来了：是谁写的这篇文章，伊里奇还是旁人。有些人说："当然是弗拉基米尔·伊里奇，这是他的言辞呀！"另一些人就说："不，这显然是某某人写的！"他们就争论起来了。当然，现在要回忆某篇文章究竟是谁写的，这是很困难的——不仅先前的编辑们忘记了，作者本人也常常忘记了这些文章到底是不是他们的。但这里最明显表现出来的是，不管这些文章是谁写的，都可以看出，这些文章如果不是弗拉基米尔·伊里奇亲自写的，他至少也参与了其中主题的选择和论述。弗拉基米尔·伊里奇不仅在编辑部内外影响了作者，而且他的全部革命活动、他在各种会议上的发言、他的文章等也都影响了作者。

弗拉基米尔·伊里奇对作者们的态度是很有特点的。如果问题是涉及政治上已具有定型的、对政策颇有经验的人物，那就向他们提出一定的要求。他对前进派准备与《真理报》合作的声明问题而写给高尔基的信就很有特点。

"**如果……如果**您的推断，如您所写的'马赫主义、造神说和诸如此类的东西都已经永远地陷入了绝境'是正确的话。如果是这样，如果前进派已经理解或即将理解这一点，那么我就会很热心地同您共享您为他们的回归而感到的喜悦。但是我得强调'**如果**'，因为到目前为止，这与其说是事实，不如说是愿望。"

接下来说：

"**如果**他们已经明白了，我愿向他们致千百个敬礼，而一切个人的意气（这在尖锐的斗争中是不可避免的）顷刻间就会烟消云散。如果他们还没有明白，还没有吸取教训，那就请勿见怪：交情是交情，公事是公事。我们将不惜任何牺牲向诽谤马克思主义或歪曲工人政党政策的各种尝试进行斗争。"[1]

他对有经验的政治活动家提出一定的最后通牒——要求原则上的坚定性。对刚开始写作的作家却是另一种态度——关注、关心，并给予许多如何改正错误的指示。如果弗拉基米尔·伊里奇看到，刚开始写作的青年作者由于缺乏经验，或因沉醉于什么甚至犯了原则性的错误，但是还能学习，那么列宁就不惜时间地帮助他。当这位作者的文章没有改到应有程度时，他就准备好不止一次，

---

[1] 见《列宁全集》中文第二版增订版第46卷第229—230页。——译者注

学习列宁的工作方法

甚至两次三番地修改文章。修改别人的文章时，弗拉基米尔·伊里奇总是力图保留作者的个性。还常有这样的事，就是弗拉基米尔·伊里奇经常小心地以暗示的方式与作者解释，指出文章需要做些什么修改。

在这方面弗拉基米尔·伊里奇致波里斯·克尼波维奇的信是很有趣的。波里斯·克尼波维奇还完全是个年轻人，但他很勤勉地读过很多书。他写了一本名为《俄国农民的分化问题》的书，书中不恰当地引用了彼·马斯洛夫（孟什维克，写过很多关于土地问题的文章；弗拉基米尔·伊里奇与马斯洛夫有过很多争论）的话，在观察问题时有几处不正确的解释。弗拉基米尔·伊里奇就给克尼波维奇写了一封长信，信当时遗失了；于是列宁又把这封信重写了一遍。信是以"亲爱的同事"开头的。一开始就赞扬说："我非常满意地读完了您的书，看到您着手写一部重要的大著作，我很高兴。通过这部著作，大概完全可以检验、加深和巩固对马克思主义的信念。"他小心翼翼，但还是说了，要尽可能严肃地研究马克思主义。之后又说："在一长串数字后面，是否有时忽略了农户的**类型**即农户的社会经济**类型**（大业主－资产者、

编辑者列宁的工作

中等业主、半无产者、无产者)呢?"评注是以问题的形式提出的。这样一来,作者就不能不了解责难的严重性,所以弗拉基米尔·伊里奇马上尽力解释错误的根源:"由于统计资料本身的**特性**,这种危险性是**大有**可能存在的。'一长串数字'是吸引人的。我想建议作者考虑这种危险性:我们的'讲坛主义者'一定会用这种办法完全**扼杀**资料中生动的马克思主义的内容[1],把阶级斗争湮没在一长串、一长串的数字中。本书作者固然**没有**这样做,但是在他所写的一部巨著中,特别应当注意到这种危险性,注意到讲坛主义者、自由派和民粹派的这条'路线'。当然,既要注意到,又要**铲除掉**。"后来又讲到马斯洛夫,"最后,出人意料,突然冒出来一个马斯洛夫。为什么会这样呢?怎么搞的?要知道,他的理论离马克思主义远得很。民粹派正确地称他为'批评家'(机会主义者)。"于是他又以问题的形式来给作者以修正之路。"或许,作者相信他是非常偶然的?"往下就做结论说,"这就是我在阅读这本有意义的重要的著作时的一些想

---

[1] 波里斯在大学里是在杜冈-巴拉诺夫斯基领导下的研究组中工作的。——克鲁普斯卡娅注

学习列宁的工作方法

法。握手!并祝工作顺利!"[1]

伊里奇就是这样培植青年作者的。伊里奇全部这种艰巨的编辑工作——口述式的工作,大多在任何地方都没记载下来。而这样的工作却是伟大的。伊里奇很关心"驯化作者"。他力图一定要登载那些本来应该吸收的作者的文章。

弗拉基米尔·伊里奇对我也用了同样的教育方法。当我在流放期间第一次写《女工》这本小册子时,弗拉基米尔·伊里奇贡献了很多意见。伊里奇比我先行出国,把《女工》的手稿也一同带去了。后来,他在慕尼黑用化学药水写的信中说,《火星报》编辑部决定秘密出版这本小册子,并告知了查苏利奇对小册子的意见。查苏利奇很喜欢这本小册子,据她的意见,有些地方应该用另一种方式写,但她说,这本小册子"写得顶呱呱"。弗拉基米尔·伊里奇向我提意见时,也像同其他刚开始写作的人那样同我说:"你是否觉得,这个地方这样说要好些呢?"弗拉基米尔·伊里奇知道我要写什么问题时,常为我找些有趣的材料——外国报纸上剪下来的材料、

---

[1] 见《列宁全集》中文第二版增订版第46卷第119—121页。——译者注

统计表，等等。然而从前，在1917年以前，我很少写作。比如，我连一篇文章也没在《真理报》上发表。

列宁认为，吸收工人作者参加写作有极大的意义。他在出国之前，就同巴布什金（涅瓦关卡附近的五金工人）商议好了，要他给《火星报》寄通讯报道，并征集工人通讯员和作者。我当时在乌法流放，也在征集工人给《火星报》写作。《火星报》的其他代办员也这样做。弗拉基米尔·伊里奇曾写信给从前在纺织厂作染匠的人，当时（1900年11月）住在伦敦准备回俄国的诺根同志，要他务必与《火星报》保持最密切的联系，组织通讯小组（现在叫通讯队）给《火星报》传递消息、写通讯报道，等等。

伊里奇在给诺根的信中说："我们对您的合作寄予很大的希望，特别是在同各地工人建立直接联系方面。您喜欢做这样的工作吗？您不讨厌东奔西跑吗？做这种工作大概经常要在外面跑。"[1]

我记得，弗拉基米尔·伊里奇是如何为每一篇工人通讯感到高兴的。编辑部在慕尼黑的这一部分人，即尔·马

---

[1] 见《列宁全集》中文第二版增订版第44卷第64页。——译者注

学习列宁的工作方法

尔托夫和查苏利奇，也与列宁同欢共乐。工人的通讯被读了又读。这些工人通讯通常是用当时先进的工人阶层所说的那种特殊语言来写的。在他们的语言里有大量的新词和新术语，但他们在用这些词和术语时，常带有自己独特的不正确的色彩、不正确的搭配组合。这些工人通讯需要加以修改。列宁很关心这件事。他很关心保留这些通讯的精神、体裁和特点，使它们不致失掉本色，不致过分地知识分子化，而保留其本来面目。这个工作大部分也是由我承担，因为修改工人的文章我已经有了一定经验，这些经验是在彼得堡涅瓦关卡外的星期日夜校工作时积累的，我在那工作了五年。弗拉基米尔·伊里奇检查过我的修改。

当时先进工人的语言令许多地方工作人员很难为情。他们给我们送来的通讯不是原稿，而是已经"加工了"的；修改的结果常常是把通讯中最主要的东西削掉了，抹去了它们的工人面貌。弗拉基米尔·伊里奇常对这种行为表示愤怒，并坚持要与工人们建立直接的联系。各地方组织常借口害怕遭到破获，不是很乐意发来工人通讯。

弗拉基米尔·伊里奇是如何重视与工人的直接联系问题，从他1902年7月16日给拉德琴柯的信中就可以看出来。他在信中写道：

"亲爱的朋友……您报道的同工人谈话的消息使我们非常高兴。我们很少收到这种能真正鼓舞群众情绪的信。请务必把这一点转告您处的工人，并向他们转达我们的请求：希望他们也亲自给我们写些东西，**不只是为了在报刊上发表**，也是为了交流思想，使彼此不失掉联系并做到相互了解。同时，我个人特别感兴趣的是，工人们对《怎么办？》一书的反应如何，因为我还没有听到工人们的反应。

"总之，请您使您处的工人小组以及马尼亚同我们直接取得联系，这一点很重要，而且将大大加强他们同《火星报》的接近以及您在他们中间的地位。其次，如果马尼亚的领袖中确实有能干的人，最好让其中一人到我们这里来一趟，请把这个意见转告他们，并请谈一下他们对这个问题的看法。"[1]

但弗拉基米尔·伊里奇不只是想从工人那里得到通

---

[1] 见《列宁全集》中文第二版增订版第44卷第234—235页。——译者注

学习列宁的工作方法

讯，而且还想让工人给《火星报》写文章。我受弗拉基米尔·伊里奇之托给巴布什金（我们很了解他；巴布什金曾在星期日夜校我教课的班里学习过，同时又在列宁授课的小组听过课）写了下面这封信："我们对您有个请求。请您在图书馆里给我们找一下从去年12月份起的《俄国财富》杂志。因为有个叫达多诺夫的，在该杂志上写了一篇很使人愤慨的关于伊万诺沃－沃兹涅先斯克的文章，文中竭力把伊万诺沃－沃兹涅先斯克的工人刻画成了一些仇视任何团结、毫无需求和意向的人。舍斯捷尔宁在该杂志上反驳了达多诺夫。达多诺夫又写了一篇更加使人愤慨的文章，于是《俄国财富》杂志就声明停止在该杂志上继续讨论这个问题了。你读读这些文章吧（如果需要的话，就买几期需要的《俄国财富》杂志，由我们出钱），并写一篇关于这个问题的文章或短评[1]，尽可能收集实际材料。最重要的是在《火星报》[2]或《曙光》杂志上登载一篇很了解伊万诺沃－沃兹涅先斯克生

---

[1] 我在信里写的是"短评"，但弗拉基米尔·伊里奇在阅信时补上了："文章或短评"。——克鲁普斯卡娅注

[2] 弗拉基米尔·伊里奇补充"或《曙光》杂志"，他想在厚本的科学杂志上发表工人的文章。——克鲁普斯卡娅注

活情形的工人[1]反驳这种无稽之谈的文章。"巴布什金写的这篇反驳文章成了整本的小册子,并以附录的形式在1901年10月第9号《火星报》上发表,以《为伊万诺沃－沃兹涅先斯克工人辩护》为题,署名是"一个为工人说话的工人"。

弗拉基米尔·伊里奇就是这样征集工人通讯员和工人作者的。当时的条件很困难,这一工作要求有复杂的通信,要求调整秘密的交通,当时的工人通讯员和作者还只是为数不多

伊·瓦·巴布什金(1905年)

的几个人。随着运动的发展,他们的人数也增长起来,这使伊里奇无比喜悦。现在,工人通讯员已经是一支强大有力的军队了。

---

[1] 伊里奇在"工人"一词下面画了三条着重线。——克鲁普斯卡娅注

学习列宁的工作方法

列宁与《真理报》

1912年5月,《真理报》开始出版时已经能感觉到一定的革命高潮了,整个中央机关报编辑部7月初从巴黎迁到了接近国境的克拉科夫,在那里可以经常和俄国同志们见面,并能更直接地领导革命运动,经常给《真理报》和《明星报》写作文章。最初一段时间和《真理报》的联络关系没有调整好。

《真理报》不是一下子就确定了自己的地位。它曾是工人的报纸。如何为与工人群众紧密联系的合法日报选择主题?如何发挥主题?群众已不是1905年的群众了,但能否同他们讨论一切复杂的纯粹是党的问题呢?群众是否能理解?是否只在供党的工作人员和更觉悟的上层工人阅读的《明星报》上讨论党的问题会更好些呢?这还是个尚未解决的问题,编辑部还没有决定,然而时间不等人。上面我已引证了伊里奇对于工人报纸上应讨论的主题性质的观点。他认为,应该和工人群众讨论一切他们关注的党的问题。

弗拉基米尔·伊里奇为《真理报》不与取消派做斗

争一事很焦虑,这一斗争由于选举运动的临近而更加必要了。

伊里奇在给《真理报》编辑部的信中说:"你们**凭经验**可以知道,对于你们为了应付书报检查而做的修改我已表现出极大的容忍。但是根本性的问题需要**直截了当的回答**。应该让撰稿人知道,编辑部究竟是打算在报纸的选举栏上明确地指名**反对**取消派呢,还是**不反对**。中间道路是没有而且也不可能有的。

"既然这篇文章[1]'无论如何要刊登'(编辑部秘书信上是这样写的),那么对维提姆斯基[2]的这句话——'愤怒的语调是有害的'——作何理解呢?从什么时候起这种反对拙劣、有害和不正确的东西的**愤怒**语调(要知道编辑部'原则上'是同意的!)居然给日报带来危害??"[3]

《关于竞选纲领》一文终究没有发表。于是伊里奇在寄下一篇题为《半年工作总结》的文章时,就提出最后通牒说:或者完全发表,或者原稿退还。然而,这些意见分歧并没妨碍他看到创立《真理报》的全部巨大意义。

---

[1] 指列宁寄给《真理报》的《关于竞选纲领》一文。——克鲁普斯卡娅注
[2] 即米·斯·奥里明斯基,《真理报》编辑之一。——译者注
[3] 见《列宁全集》中文第二版增订版第46卷第142页。——译者注

学习列宁的工作方法

他在《半年工作总结》一文开头就指出："彼得堡工人出版了工人日报，也就完成了一项巨大的工作，可以毫不夸大地说，这是一项具有历史意义的工作。"[1] 整篇文章再好不过地证明了伊里奇关注《真理报》，关注工人对《真理报》的态度，工人群众对《真理报》的热情支持令他欣喜。这篇文章在《真理报》第78、79、80和81号上发表。

问题终于照列宁的意见解决了，伊里奇给编辑部的下一封信（9月8日）就已温和得多了。

他在这封信中写道："顺便向维提姆斯基同志祝贺，他在我今天收到的《真理报》（第98号）上写了一篇非常精彩的文章（我想，你们会不嫌麻烦，把这封信转交给他）。文章题材十分适时，形式短小精悍，阐述精湛透辟。一般说，不时在《真理报》上提一提，引用并阐释一下谢德林及其他'旧'民粹主义民主派作家的作品，是很好的。这对《真理报》的25 000名读者说来，是合适的，有意义的，并且可以从另一个方面，用另一种口吻使工人民主派的许多当前的问题得到阐明。"[2] 9月12

---
1 见《列宁全集》中文第二版增订版第21卷第409页。——译者注
2 见《列宁全集》中文第二版增订版第46卷第158页。——译者注

编辑者列宁的工作

日斯大林来到了彼得堡并开始帮助《真理报》实行党的正确路线。

弗拉基米尔·伊里奇在《真理报》上发表的每篇文章都是——直接或间接——号召组织和行动的。《半年工作总结》一文就是号召在《真理报》周围广泛地组织起来（每次领薪捐给《真理报》一个戈比）。《真理报》第96号上的《拙劣的辩解》一文，间接号召用罢工的方法为提高工资而斗争。第99号上的《取消派和"统一"》一文再次号召团结在《真理报》周围。下一篇第105号上的文章《在瑞士》，间接号召同机会主义做斗争；下一篇文章第118号上的《Н.С.波良斯基来信读后》，号召农民向《真理报》写关于土地问题的意见，按雇佣工人与破产农民联合的道路前进。第220号上的《美国工人的胜利》，是间接号召入党，号召联合在《真理报》周围。第134号上的《孤注一掷》一文，是反对侵占他国土地，第136号上的《米留可夫先生的"立场"》，是号召工人去独立活动，与特权斗争，铲除社会生活中与旧势力所做的妥协，等等。伊里奇在《真理报》上发表的文章具有巨大的组织意义，并强烈地感染和鼓舞了

学习列宁的工作方法

群众。在 11 月 24 日致《真理报》的信中，弗拉基米尔·伊里奇对《真理报》没有及时登载给彼得堡工人代表的委托书一事表示愤怒，要求立即将其发表，并写道：

"如果工人的报纸这样轻视工人所关心的事情，它难道还能够存在下去吗？"往下又说："报纸应当自己去寻找，去及时发现并及时刊登某种材料。报纸应当去寻找和发现它所需要的各种联系。可这里突然冒出一份由《真理报》的拥护者给彼得堡工人杜马代表的委托书，而在《真理报》上却见不到……"[1]

斯大林出国后，《真理报》的种种旧病又发作了，甚至很难弄明白究竟是怎么回事，但伊里奇觉得编辑部对待国外的人是在"暗地里仇视"。伊里奇认为，必须改造编辑部，派一个党的工作经验丰富的编辑到那里去，专门担负这一工作。否则谁在编辑部里应担负什么工作，就完全弄不明白，因而就产生一种无人负责的现象。如果注意到捣乱全局的马林诺夫斯基在那里所起的作用，就完全可以了解了，而马林诺夫斯基的奸细行为，当时还无人知晓。1913 年 1 月初，在克拉科夫举行了会议，

---

1 见《列宁全集》中文第二版增订版第 46 卷第 192—193 页。——译者注

编辑者列宁的工作

列宁和来自彼得堡的工人代表奥努夫里耶夫在布拉格街头

学习列宁的工作方法

斯大林参加了这次会议,伊里奇同他详细商定改组《真理报》领导的问题。打算让刚到的雅·米·斯维尔德洛夫作实际上的编辑。伊里奇对《真理报》问题之所以这样焦急,是因为他认定《真理报》具有极其重要的意义。伊里奇在1913年2月9日给斯维尔德洛夫的信中说:

"……事态的**关键**正是在《日报》[1]和如何办好《日报》上。如果不实现改革并正确地办好《日报》,我们就要遭到物质上的和政治上的破产。《日报》是团结和开展运动的必要的组织手段。只有**通过**这一手段,您所提到的那件事现在才能获得必需人员和经费来源。彼得堡的情况不好,主要是由于《日报》搞得很糟,而我们又不善于利用或那里的'编辑'委员会阻挠我们利用《日报》。"往下又说:"再说一次:**整个**事态的关键在于《日报》。在这方面能取胜,那时(只有那时)才可以去安排地方工作。否则将全部垮台。"[2]

从这封信可以看到,当时伊里奇把《真理报》看得多么重大。斯维尔德洛夫集中全力来编《真理报》。

---

1 《真理报》的暗号。——克鲁普斯卡娅注
2 见《列宁全集》中文第二版增订版第46卷第250、251—252页。——译者注

编辑者列宁的工作

伊里奇在二月会议上与斯大林详细商定了关于改组《真理报》的问题。斯大林回到俄国后就立即着手改组，但雅·米·斯维尔德洛夫于俄历2月10日在杜马代表彼得罗夫斯基同志家里被捕了，这样一来整个改组计划遇到了困难；又过了13天——2月23日——斯大林也被捕了。不过，日益高涨的革命浪潮矫正了《真理报》的路线，它已大胆地说话了。7月，《真理报》被查封，于是就出版了《工人真理报》。此后又改为《北方真理报》，再后又出版了《劳动真理报》，然后又出版了《拥护真理报》，后来是《无产者真理报》《真理之路报》《劳动真理报》，直到1914年战争开始前《真理报》被完全破坏。《真理报》完全被奸细包围了。很接近《真理报》的莫斯科代表马林诺夫斯基是一个很了解《真理报》情况的奸细。另一个奸细切尔诺马佐夫成了《真理报》的书记。《工人真理报》的出版人舒尔卡诺夫也是奸细。但是，尽管有这样的包围，《真理报》还是完成了自己的事业，组织了工人群众，唤起了他们的思想，振奋了他们的士气。顺便说一下，在1913年4月给《真理报》的信中，伊里奇就写过社会主义竞赛问题。

学习列宁的工作方法

"应该直接在每一个工厂开展斗争支持《真理报》，争取更多的人订阅《真理报》，把一个个工厂从《光线报》[1]手里夺回来，在各工厂之间开展一个比《真理报》订户数量的竞赛[2]。党性的胜利就是《真理报》的胜利，反过来讲也是一样。应该掀起一个运动：争取《真理报》发行量从 30 000 份增加到 50 000 — 60 000 份，订户从 5 000 增到 20 000，并坚持不懈地朝这个目标努力。只有这样，我们才能扩大和改进《真理报》。"[3]

我记得，弗拉基米尔·伊里奇是如何关注工人积极参与支持《真理报》的。有一次他向《真理报》编辑部索要全体订报人名单，我花了很多个晚上才查明订报人的分布情况：什么地方，在哪些工厂，哪些城市和工人村落订报的人数最多，等等。结果得到了一幅很有意思的画面，我根据弗拉基米尔·伊里奇的指示整理了这份材料并把它寄给了《真理报》，但是这篇文章没见发表，显然是被切尔诺马佐夫扔进纸篓了。

1914 年 5 月 5 日是《真理报》出版两周年纪念。这

---

[1] 孟什维克的报纸。——克鲁普斯卡娅注
[2] 着重号是我加的。——克鲁普斯卡娅注
[3] 见《列宁全集》中文第二版增订版第 46 卷第 277 页。——译者注

天成了报刊节。除《真理报》外，还有17种刊物纪念了这个节日。总结了两年的工作。《真理报》的战斗工作把工人群众团结在它的周围。报纸诞生后的第二年，就收到了11 114篇工人通讯；到纪念日为止，捐给《真理报》的基金就达21 584卢布，其中18 584卢布完全是工人捐的。

《真理报》的两周年纪念表明伊里奇如此坚持的道路是何等正确，表明《真理报》享有何等威望。

但是战争来了，《真理报》被破坏了，工作人员被捕了。直到二月革命后它才恢复了自己的工作。

列宁为《真理报》十周年纪念写道：

"庆祝在俄国出版的布尔什维克日报的十周年……时间只过去了10年！然而从这个时期的斗争和运动的内容来说，等于经历了100年。"[1]

"合法的布尔什维克日报《真理报》创刊十周年，使我们清楚地看到最伟大的世界革命的突飞猛进的里程碑之一。在1906—1907年，沙皇政府似乎已经彻底粉碎了革命。没过几年，布尔什维克党**以另一种不同的方**

---

[1] 见《列宁全集》中文第二版增订版第43卷第179页。——译者注

《真理报》编辑部

式打进敌人的堡垒,开始每天都'合法地'进行从内部炸毁万恶的沙皇地主专制制度的工作。又没过几年,布尔什维克组织的无产阶级革命就胜利了。

"在1900年创办旧《火星报》的时候,只有十来个革命者参加。在布尔什维主义产生的时候,在1903年布鲁塞尔和伦敦的秘密代表大会上,有40来个革命者参加。

"在1912—1913年布尔什维克的合法《真理报》诞生的时候,拥护它的已经有几万以至几十万工人了,他们以一戈比一戈比的捐款战胜了沙皇制度的压迫,也战胜了背叛社会主义的小资产阶级分子——孟什维克的竞争。

"1917年11月立宪会议选举的时候,3 600万人中投布尔什维克票的有900万人。实际上拥护布尔什维克的,即不是在选举中而是在斗争中拥护布尔什维克的,在1917年10月底和11月就已经占无产者和觉悟农民的**大多数**,这就是全俄苏维埃第二次代表大会的大多数代表,这就是劳动人民中间大多数最积极的觉悟分子,即当时1 200万人的大军。

"这就是用数字来表明的近20年来世界革命运动'突飞猛进'的一幅小小的画面。这是一幅很小的、很不完全的画面，它很粗略地表现了总共不过15 000万人民的历史，……"[1]

"国际资产阶级现在还是比它的阶级敌人强大得多。国际资产阶级曾竭尽全力地阻挠俄国无产阶级政权的诞生，十倍地加剧它诞生时的危险和痛楚，现在它还能借助白卫分子和帝国主义的战争，等等使千百万人遭受痛苦和死亡。这是我们不应当忘记的。我们应当巧妙地使自己的策略适应目前情况的这一特点。资产阶级现在还能恣意折磨、虐待和杀害人民。但是，资产阶级却不能阻止革命无产阶级必然的和从全世界历史的观点看来为期不远的完全胜利。"[2]

今年，1932年5月5日（俄历4月22日），我们将庆祝《真理报》出版二十周年。我们祝愿它在这个工作中取得成功，希望它尽可能深入、全面地展开伊里奇的方针。让我们帮助把我们所有的刊物、党的刊物坚定不移地提高到列宁所要提到的高度吧！

本文首次发表是以小册子形式
1932年由莫斯科党的出版社出版

---

[1] 见《列宁全集》中文第二版增订版第43卷第180—181页。——译者注
[2] 见《列宁全集》中文第二版增订版第43卷第182页。——译者注

工人刊物的组织作用

> 只有把全党机关报创办起来,才能使革命事业中'做局部工作的人'意识到他是在'步伐整齐的行列'里行进,他的工作直接为党所需要,他是那根一定要勒死我国专制政府,即俄国无产阶级和俄国全体人民的死敌的链条上的一环。

学习列宁的工作方法

让我们从很早以前,从1861年农民改革前和紧接着这之后的时代讲起吧。当时在公开刊物上是没有可能说一句真话的。刊物简直是"奴才式的"刊物。弗拉基米尔·伊里奇写道:"赫尔岑在国外创办了自由的俄文刊物,这是他的伟大功绩。《北极星》发扬了十二月党人的传统。《钟声》杂志(1857—1867年)极力鼓吹农民的解放。奴隶般的沉默被打破了。"[1] 当时《钟声》杂志对俄国先进知识分子的影响极强。赫尔岑是"民粹派"的创始人。他的民粹派理论是错误的,但他了解群众的意义,他大胆号召反对沙皇制度,反对逮捕革命家,反对镇压波兰。1912年列宁同志写道:"当整个一群俄国自由派的乌合之众由于赫尔岑为波兰辩护而纷纷离开他时,当整个'有教养的社会'弃绝了《钟声》杂志时,赫尔岑并没有张皇失措。他继续捍卫波兰的自由,痛斥亚历山大二世手下的镇压者、刽子手、绞刑手。赫尔岑挽救了俄国民主派的名誉。他写信给屠格涅夫说:'我们挽救了俄国人的名誉,因此才遭到占多数的奴才们的非难。'"[2]

---

[1] 见《列宁全集》中文第二版增订版第21卷第264页。——译者注
[2] 见《列宁全集》中文第二版增订版第21卷第266页。——译者注

"我们纪念赫尔岑时,清楚地看到先后在俄国革命中活动的三代人物、三个阶级。起初是贵族和地主,十二月党人和赫尔岑。这些革命者的圈子是狭小的。他们同人民的距离非常远。但是,他们的事业没有落空。十二月党人唤醒了赫尔岑。赫尔岑开展了革命鼓动。

"响应、扩大、巩固和加强了这种革命鼓动的,是平民知识分子革命家,从车尔尼雪夫斯基到'民意党'的英雄们。战士的圈子扩大了,他们同人民的联系密切起来了。赫尔岑称他们是'未来风暴中的年轻航海长',但是,这还不是风暴本身。

"风暴是群众自身的运动。无产阶级这个唯一彻底革命的阶级,起来领导群众了,并且第一次唤起了千百万农民进行公开的革命斗争。第一次风暴是在1905年。第二次风暴正在我们眼前开始扩展。"[1]

《钟声》杂志在奴隶制国家传播的"自由的俄国言论"没有白白叫响。青年时代的列宁以及与他同时代的人都酷爱阅读赫尔岑的著作。当列宁已经成为马克思主义者,找到革命斗争的正确道路时,他极想公开地同群

---

[1] 见《列宁全集》中文第二版增订版第21卷第267页。——译者注

学习列宁的工作方法

众讲话,把真理告诉他们。1900年也像赫尔岑的时代一样,是不能公开地通过合法报纸向群众讲话的。另一方面,当时在俄国社会民主党人眼前有德国社会民主党人的范例,后者在反社会民主党非常法施行时期在瑞士组织了自己的秘密机关报,并善于很好地将其运入德国(红色邮政)。列宁、波特列索夫和尔·马尔托夫考虑到自由言论的巨大意义、全俄政治报纸的组织意义,就到国外和"劳动解放社"共同组织了《火星报》。弗拉基米尔·伊里奇认为报纸在组织方面具有什么样的意义,可从他在《火星报》第4号上发表的《从何着手?》一文中看出来。

他在文中写道:"最后,我们需要的报纸还必须是**政治**报纸。没有政治机关报,在现代欧洲就不能有配称为政治运动的运动。没有政治机关报,就绝对实现不了我们的任务——把一切政治不满和反抗的因素聚集起来,用以壮大无产阶级的革命运动。我们已经迈出了第一步,我们已经在工人阶级中间激起进行'经济'揭露,即对工厂进行揭露的热情。我们还应当再前进一步,在一切稍有觉悟的人民阶层中激起进行**政治**揭露的热情。……

"俄国工人阶级与俄国社会其他阶级和阶层不同,

它对政治知识经常是感兴趣的,它经常(不仅在风暴时期)迫切要求阅读秘密书刊。在有这样广泛的要求的条件下,在已经开始培养有经验的革命领导者的条件下,在工人阶级的集中化已经使工人阶级实际上成为大城市工人区、大小工厂区的主人的条件下,创办政治报已经成为无产阶级完全办得到的事情。而通过无产阶级,报纸还可以深入到城市小市民、乡村手工业者和农民中间去,成为真正的人民的政治报纸。

"但是,报纸的作用并不只限于传播思想、进行政治教育和争取政治上的同盟者。报纸不仅是集体的宣传员和集体的鼓动员,而且是集体的组织者。就后一点来说,报纸可以比作脚手架,它搭在正在建造的建筑物周围,显示出建筑物的轮廓,便于各个建筑工人之间进行联络,帮助他们分配工作和观察有组织的劳动所获得的总成绩。依靠报纸并通过报纸自然而然会形成一个固定的组织,这个组织不仅从事地方性工作,而且从事经常的共同性工作,教育自己的成员密切注视政治事件,思考这些事件的意义及其对各个不同居民阶层的影响,拟定革命的党对这些事件施加影响的适当措施。"[1]

---

[1] 见《列宁全集》中文第二版增订版第5卷第7—9页。——译者注

学习列宁的工作方法

列宁和娜·康·克鲁普斯卡娅会见《火星报》代办员亚·德·瞿鲁巴

更早以前,弗拉基米尔·伊里奇在流放时就曾写过:"只有把全党机关报创办起来,才能使革命事业中'做局部工作的人'意识到他是在'步伐整齐的行列'里行进,他的工作直接为党所需要,他是那根一定要勒死我国专制政府,即俄国无产阶级和俄国全体人民的死敌的链条上的一环。"[1]

我们知道,《火星报》在组织党和组织革命运动事业上具有何等巨大的意义。

《火星报》赋予工人通讯和吸收工人参加报纸的写作工作以特别重要的意义。《火星报》"代办员",即帮助《火星报》出版、转运和散发的那些人,也应该关心吸收新的通讯员。彼得堡的工人伊万·瓦西里耶维奇·巴

---

[1] 见《列宁全集》中文第二版增订版第4卷第173页。——译者注

列宁在《前进报》编辑部

布什金在这方面做得特别多。他走访了许多工人区，从奥列霍沃－祖耶沃、雅罗斯拉夫尔、舒亚、古西赫鲁斯塔利内等地工人中收集了许多通讯稿。1906年伊万·瓦西里耶维奇牺牲了。

当《火星报》（1903年）转到孟什维克手里后，布尔什维克就于1904年底出版了自己的报纸《前进报》，该报在党的第三次代表大会后更名为《无产者报》。

1905年有可能出版合法报纸了。第一个公开捍卫布尔什维克观点的合法报纸就是《新生活报》，它在莫斯科起义时被查封，但后来又以《浪潮报》《回声报》等名称恢复出版。这些报纸的意义重大。如果考虑到弗拉基米尔·伊里奇在1905—1907年期间只在帕宁娜公馆

学习列宁的工作方法

内举行的工人群众大会上做过一次演讲，那么布尔什维克的合法报纸在当时具有什么意义就显而易见了。

工人群众在1905—1907年期间是支持布尔什维克的。

到反动年代工作又转入地下，中央机关报再次成为秘密报纸。

当工人运动刚开始恢复的时候，在第三届杜马代表，主要是在波列塔耶夫的帮助下，1910年底出版周报《明星报》的事安排就绪。

1912年已经开始每日出版《真理报》了。当时布尔什维克的国外中心为了便于同国内联络，迁到了邻近国境的克拉科夫。

工人们给《真理报》捐款，弗拉基米尔·伊里奇仔细地考察过是哪些工人组织给《真理报》捐了款，并认为这具有重大意义。列宁重视工人的赞助，不仅因为赞助使报纸能够继续存在，还因为这具有巨大的组织意义。他甚至规划了一种特别的捐款形式：一个工人戈比。根据这个计划，同情《真理报》的所有工人要在领薪当日捐给报纸一个戈比。根据戈比数就能知道，有多少工人同情《真理报》。然而当时，在1912年，由于工会组织和党的组织力量薄弱，这个计划未能实现。

战前时期《真理报》是供谁阅读的呢？

伊里奇住在克拉科夫时，曾让《真理报》寄过订报人的名单。现在《真理报》已有几十万订报人，这样做是不可能了，但在1913年，订报人不过几千人，订报人的名单寄到了。按伊里奇的计划，名单被裁开并分成几个组。如果说先前已经看到，《真理报》的主要订购者是工人，那么这番工作过后，这点就看得更加明显了。绝大多数订报人是散居在俄国各地的工人。调查所得并附有相应说明的数字材料寄给了《真理报》，但这些材料落到了奸细切尔诺马佐夫手里，被他扔进纸篓了。

但工人们不仅是《真理报》的订购者，而且还给《真理报》写文章。《真理报》非常注意工人的通讯。

当1917年10月政权转到苏维埃手中、在群众的参与下开始建设新生活时，工人刊物的任务就更加深化了——它不仅要唤醒政治觉悟，不仅要做政治上的揭露，它的基本任务已是帮助组织新的秩序，并在新的基础上帮助改造全部生活。

弗拉基米尔·伊里奇在1921年2月7日《真理报》

学习列宁的工作方法

列宁阅读《真理报》

上论过渡时期的共产主义刊物一文里写道:"资本主义使报纸成为资本主义的企业,成为富人发财、向富人提供消息和消遣的工具,成为欺骗和愚弄劳动群众的工具。我们摧毁了这个发财和欺骗的工具。我们**开始**使报纸成

工人刊物的组织作用

为启发群众、教导他们在**赶跑了**地主和资本家之后怎样生活，怎样建设自己经济的工具。但是，我们还刚刚开始这样做。三年多以来我们做的工作不多。还需要做很多工作，走很长的道路。少来一些政治上的喧嚷，少发表一些没有经验和不了解自己任务的共产党员所欣赏的空泛议论和抽象口号，多做一些生产宣传，尤其是对实际经验多做一些切实的、在行的、适合群众水平的考虑。"[1]

改造现存的各种制度是在群众最积极的参加下进行的——群众很快就认识到，工人刊物有多么巨大的组织意义。工人刊物依靠工人通讯员就揭露了各种混乱现象和不法行为，帮助实现实际上的工人群众的监督。工人通讯工作很快就发展起来了。

设法组织工人通讯，帮助其正确地发展和总结工人通讯的经验就成为当务之急。于是《真理报》又着手来进行这一工作。《真理报》出版了《工人通讯员》杂志。《真理报》组织了工人通讯员代表大会和代表会议。其他报纸也照《真理报》的办法做了。工人通讯工作是我们苏维埃国家所特有的。群众进行的巨大的建设工作，

---

[1] 见《列宁全集》中文第二版增订版第40卷第338页。——译者注

是发展工人通讯的条件。随着工人通讯的开展，乡村通讯也发展起来了。乡村比城市更加黑暗、闭塞。那里的恶劣事件是不少的。乡村通讯开始惊扰乡村了，在刊物帮助下，黑暗、野蛮、非法的事件被完全揭露出来。当然，对揭露者来说，这些揭露并没有简单完结。被揭露者曾对乡村通讯员屡施报复——暗杀，用各种方式报仇。而《真理报》为保护工农通讯员也付出了很多。

《真理报》从1924年起出版了《工农通讯员》杂志。

1926年1月1日，工农通讯员已经超过20万人。刊物的组织作用，大概在任何地方也没有像在工农通讯运动中表现得这样明显。运动日益扩大起来了，各编辑部周围布满了通讯员网，组织起了工人通讯员和乡村通讯员的小组、培训班和学校。工农通讯工作的质量改善了，通讯的取材叙事也更深刻了。这是一项巨大而庄严的运动。沿着正确轨道前进的工农通讯运动就形成了实现伊里奇当时所写的"全民统计和全民监督"的前提。工农通讯运动教育群众实行这种自下而上的监督。这种监督使群众习惯从社会、从公共利益的观点来评价各种现象。

工农的通讯不仅带有并且应该带有揭露的性质，而

工人刊物的组织作用

且还应该反映积极的方面，表现出群众在日常生活中创造出来的新东西。这类性质的通讯，当然不比揭露性质的通讯的价值低，它们归纳、组织群众的首创性。这是极其重要的。

现代工农刊物的规模较之从前已经完全不同了。报纸成了生活的一部分。现在已有每家都能领到一份报纸的乡村，诚然，这样的乡村并不多，但5—10家共领一份报纸的乡村已经很多了。目前出版了很多中央级报纸——《真理报》《消息报》《劳动报》《汽笛报》《贫苦农民报》《农民报》等。此外，还出版了很多地方报纸，这些报纸的组织意义不比中央级报纸的组织意义小。地方报纸还更能深入实际生活，更能贴近读者，更能吸收他们参加报纸的工作，这种报纸也就更加深入群众。当然不是所有的地方报纸都善于做到这点，有些只是尽力模仿中央级报纸。

实际生活使报纸更加个性化。墙报广泛发展起来了。墙报又更加贴近读者，更加引人注目。诚然，墙报有时没沿着正确道路前进，从事的不是对周围现象的评价，而是一般的评论。但不管怎样，墙报这项工作终于发展起来。

但是，重要的不仅是把报纸编辑好，还要把报纸广泛、正确地分发出去，使读者能按时得到报纸，要充分利用报纸和善于利用报纸。

列宁在上述发表于1921年2月7日《真理报》上的文章里，对不正确分配报纸非常气愤，因为报纸没有分到群众手中，而停滞在了各种苏维埃官僚手里。他建议要特别注意报纸的张贴工作。他建议首先要供给农民阅读室和图书馆张贴用的报纸，用这种方法把报纸送到工农群众中去。这篇文章写成至今，已经五年了。我们在供给工厂和乡村报纸的工作上，已取得了一定进步。每个工人通讯员和乡村通讯员都关注报纸的发行。三四年前还有过这样的情况，例如在乌拉尔，订报的工作是通过某个代办所做的，这个代办所收了钱，但没有组织寄出报纸，结果连图书馆也得不到订购的报纸。现在这早已是过时的事了。现在仅在斯维尔德洛夫斯克出版的《农民报》，就已有14万订户了。在乡村散发报纸的工作循环邮政做得特别多。

在利用报纸方面做得还完全不够。常有这样的情况：工厂里差不多每个人都订购了报纸，但读报的人却很少，没组织在宿舍读报的工作。至于张贴报纸的工作做得更差——这项工作几乎没做，在这方面应该做的事还有很多。保存报纸的工作也做得不好，报纸放在存报处也没有去利用，没有成为阅读的材料。装订好的报纸应该按主题拟定一个目录。例如，奔萨出版的《启蒙》杂志，每期（月刊）都载有前一个月当地报纸发表的关于该边疆问题的文章目录。当然，对于其他的问题，也可以并且应当编制这样的目录。按月装订的报纸再加上一个这样的目录，就可把报纸变成很有趣的参考材料和阅读材料。弗拉基米尔·伊里奇常说："我们还不善于利用我们已有的不多的那点东西。"我们要学习更好、更充分地利用报纸。

现在，无线电新闻来帮助报纸的工作了。无线电新闻的作用将不断扩大。地方无线电新闻在组织工作方面会有特殊的意义——它们在省执行委员会手里能成为直接联系群众，向他们解释每项措施、每条决议的有力工具。我们还没有学会利用无线电组织人民。我们必须学会这一点。

本文首次发表于娜·康·克鲁普斯卡娅《政治教育工作的基础》
1927年莫斯科 — 列宁格勒消除文盲出版社

列宁论
为工农群众写作的本领

> "谁想把这种'育'当作一个特殊口号,把它跟'政治'对立起来,根据这种对立建立特殊派别,用这个口号去号召群众反对社会民主党的'政治家',谁就会不可避免地一下子滑入蛊惑宣传的歧途。"

列宁为舒申斯克村的农民提供法律咨询

弗拉基米尔·伊里奇在西伯利亚的流放地给在国外的帕维尔·波里索维奇·阿克雪里罗得写信时（1897年8月16日）说："我最大的希望和幻想得最多的就是能够为工人写作。"[1]

弗拉基米尔·伊里奇1897年以前就已经为工人写作了。

1895年，他曾为工人写了一本题为《对工厂工人罚款法的解释》[2]的小册子。

这本小册子是1895年在拉赫塔印刷厂秘密印行的。

1895年，彼得堡社会民主党人团体——后来以"工人阶级解放斗争协会"闻名，参加这个团体的有列宁、克尔日扎诺夫斯基、斯塔尔科夫、拉德琴柯、瓦涅耶夫、西尔文和雅库波娃等人——曾决定出版一种供工人阅读的秘密杂志

---

[1] 见《列宁全集》中文第二版增订版第44卷第13页。——译者注
[2] 见《列宁全集》中文第二版增订版第2卷第25—64页。——译者注

列宁论为工农群众写作的本领

"工人阶级解放斗争协会"成员(从左至右:瓦·瓦·斯塔尔科夫、格·马·克尔日扎诺夫斯基、亚·列·马尔琴科、弗·伊·乌里扬诺夫、彼·库·扎波罗热茨、尔·马尔托夫、阿·亚·瓦涅耶夫)

《工人事业》。正当第1期准备就绪时,发生了逮捕案,这一期原稿就从瓦涅耶夫家被抄走了,所以这期杂志终究未能出版。弗拉基米尔·伊里奇曾给该杂志写了一篇题为《我们的大臣们在想些什么?》的文章。

弗拉基米尔·伊里奇从狱中寄出了两篇用化学药水写在书上的供工人阅读的传单:《五一工人纪念日》[1]和《告沙皇政府》。

阿克雪里罗得和普列汉诺夫对伊里奇这本题为《对工厂工人罚款法的解释》的小册子给予了很高评价。

伊里奇还在1897年8月16日致阿克雪里罗得的信

---

1 列宁的这篇作品至今没有找到。——译者注

学习列宁的工作方法

中说:"您和他[1]对我的习作(为工人写的)所下的评语,给了我很大的鼓舞。"[2]

希望学会写广大群众易懂的作品的青年作者,必须仔细研究伊里奇的这些著作。

只要我们看一看《对工厂工人罚款法的解释》这本小册子,就会看到,这本小册子是用极普通的语言写的,但同时我们又会看到,这本小册子与那些目前还如此盛行的肤浅宣传,实在有着天壤之别。小册子里完全没有鼓动的辞藻和号召。但主题的选择本身就很恰当。这是当时最使工人焦急、最贴近工人的题目。这本小册子是从工人非常熟悉的具体事实出发,完全以仔细收集来的大批材料的事实作根据,事实的叙述又极为鲜明。小册子里所讲的,拿来说服人的,不是空话,而是具体的事实。这些事实竟说得这样清楚,这样令人信服,使工人看到这些材料后就能自做结论。小册子的计划也是经过仔细思考的,它从各方面来阐明问题;这个计划归纳为下面几点:1.什么是罚款? 2.从前是怎样课处罚款的,新的罚款法是怎样产生的? 3.厂主可以根据什么理由课处罚款? 4.罚款的最大限额是多

---

[1] 普列汉诺夫。——克鲁普斯卡娅注
[2] 见《列宁全集》中文第二版增订版第44卷第13页。——译者注

列宁 1895 年在彼得堡

少？5.课处罚款的程序是怎么样的？6.按法律规定，罚款应该用在什么地方？7.罚款法是否推行于全体工人？8.结束语。

结束语只是简明地把工人自己从小册子前几章引用的事实所做出的那些结论概括起来，只是帮助归纳和最终拟定这些结论。这些结论极其简单，但对工人运动却有极大的意义。

在《我们的大臣们在想些什么？》这篇短文中，列宁对读者的态度也像在《对工厂工人罚款法的解释》中一样。他把内务大臣杜尔诺沃给圣正教院总监波别多诺斯采夫的信拿来加以分析，并引导工人做出如下结论：

"工人们！你们看，我们的大臣们对知识和工人的

"又是罚款"

结合真是怕得要死!你们应当向所有的人表明:任何力量都不能阻止工人的觉醒!没有知识,工人就无法自卫;有了知识,他们就有了力量!"[1]

传单《五一工人纪念日》是1896年列宁在狱中写就的。如果我们不知道,这个传单是哪一年写的,那么通过传单本身就很容易来确定这点。传单讲到工人的国际纪念日,讲到工人的国际斗争,但出发点则是当时大中心城市的工人状况及其斗争。传单说明了这一斗争的前途,并直接号召工人去进行罢工斗争。

传单是1896年5月1日发表的,而6月彼得堡就已经发生了有3万纺织工人参加的罢工。

第二个传单《告沙皇政府》对罢工做了总结,并

---

[1] 见《列宁全集》中文第二版增订版第2卷第68页。——译者注

号召工人做进一步更加深刻的斗争。传单的结语是："1895—1896年的罢工没有白白进行。这些罢工大大帮助了俄国工人，告诉俄国工人应该怎样为自己的利益进行斗争。这些罢工使俄国工人懂得了**工人阶级的政治地位和政治需要。**"[1]

1897年秋，弗拉基米尔·伊里奇为工人写作自己的第二本小册子《新工厂法》[2]。这本小册子也是按第一本的体裁写的。1899年又写了小册子《论工业法庭》[3]和《谈谈罢工》[4]。

写作这些小册子的工作也帮助了列宁更好地学会写作和讲话，使他的演说和文章成为群众特别亲切易懂的东西。

列宁是向谁学习讲通俗话和写通俗作品的呢？是向当时列宁读过他很多作品的皮萨列夫学的，向车尔尼雪夫斯基学的，但主要还是向工人学习来的，他一连几个钟头和工人们谈话，询问他们工厂生活中的一切详情细节，仔细倾听他们偶然提出的意见，听他们怎样来提问题，

---

[1] 见《列宁全集》中文第二版增订版第2卷第98—99页。——译者注
[2] 见《列宁全集》中文第二版增订版第2卷第335—378页。——译者注
[3] 见《列宁全集》中文第二版增订版第4卷第239—250页。——译者注
[4] 见《列宁全集》中文第二版增订版第4卷第251—260页。——译者注

观察他们的知识水准，观察他们对某个问题有什么不理解的和为什么不理解。工人们在对列宁的回忆中讲述了这些谈话的内容。

伊里奇为了把自己的意思更清楚、更好地传达给工人，曾做了很多工作，但同时，他对各种庸俗文化以及在工人面前缩小问题和把问题简单化的倾向很气愤。伊里奇在《怎么办？》（1901—1902年）一书中写道：

"……我们**主要是**应当注意**把**工人**提高**为革命家，而绝不是像'经济派'所希望的那样，必须把自己**降低**为'工人群众'，或是像《自由》杂志所希望的那样，必须**降低**为'中等工人'（在这方面，《自由》杂志已经升到经济主义'教育'的第二级了）。我绝不是否认为工人写通俗读物——为特别落后的工人写特别通俗的（当然不是庸俗的）读物——的必要性。但使我感到气愤的是，人们常常把教育同政治问题、组织问题混在一起。你们这些关心'中等工人'的先生一讲到工人政治或工人组织就想到必须**弯下腰来**，实际上这毋宁说是对工人的侮辱。你们还是直起腰来谈严肃的问题吧，你们还是把教育交给教育家,而不要把它交给政治家和组织家!"[1]

伊里奇对于各种与工人咿咿呀呀,和用"花言巧语"[2]代替严肃地讨论问题的行为,都极为愤慨。

在伊里奇的讲话和文章中,正如一个工人所说,工人们总是看到伊里奇"郑重地"与他们谈话。

三年后(1905年6月),弗拉基米尔·伊里奇又回到他在《怎么办?》一书中所涉及的问题并写道:

"在社会民主党的政治活动中,现在和将来始终都有某种教育因素:应当培养整个雇佣工人阶级去担任为全人类摆脱一切压迫而斗争的战士的角色;应当对这个阶级一批又一批的阶层不断进行训练;应当善于接近这个阶级的既最少接触我们的科学又最少接触生活的科学的最不开化、最不开展的成员,只有这样,才能够跟他们交谈,才能够和他们打成一片,才能够坚持不懈地耐心地把他们提高到社会民主主义的觉悟上来,而不把我们的学说变成干巴巴的教条,不是光靠书本来教这种学说,而是还靠无产阶级的这些最不开化和最不开展的阶层参加日常生活中的斗争。再重复一遍,在这一日常活

---

1 见《列宁全集》中文第二版增订版第6卷第124—125页。——译者注
2 见《列宁全集》中文第二版增订版第6卷第125页。——译者注

学习列宁的工作方法

动中是有某种教育因素的。社会民主党人如果忘记了这种活动，就不可能再是社会民主党人了。这是对的。但是现在我们有些人常常忘记，如果社会民主党人把政治任务归结为教育，同样（虽然有别的原因）也不可能再是社会民主党人了。谁想把这种'教育'当作一个特殊口号，**把**它跟'政治'**对立起来**，根据这种对立建立特殊派别，用这个口号去号召群众反对社会民主党的'政治家'，谁就会不可避免地一下子滑入蛊惑宣传的歧途。"[1]

这只是阐明前面说过的话，并确定伊里奇对通俗刊物提出的要求。

1903年，当自发的农民武装起义开始时，伊里奇就写了一本通俗的小册子《告贫苦农民》，他在那里向贫苦农民解释工人为了什么而斗争，为什么贫苦农民应当与工人一同前进。

1905年7月，伊里奇写了著名传单《三种宪法或三种国家制度》[2]。传单上把专制君主制、立宪君主制和民主共和制三者按其形式、内容和目的加以对比。这个传单是形象化和通俗化的典范，但同时也是严肃叙述问题

---

1 见《列宁全集》中文第二版增订版第10卷第336页。——译者注
2 见《列宁全集》中文第二版增订版第10卷第311—313页。——译者注

列宁论为工农群众写作的本领

的典范,是"郑重"谈话的典范。

按照伊里奇的意见,共产党员在急剧转变的关头,写作和讲话都应当通俗化。弗拉基米尔·伊里奇在1917年四月代表会议上说:

列宁的《告贫苦农民》小册子封面(1903年)

"我们许多人,包括我本人在内,都在群众面前,特别是在士兵面前讲过话,我想,假如所有问题都用阶级观点去解释,那么他们最难理解的是我们在怎样结束战争、怎样才能结束战争的问题上所持的立场。广大群众对我们的立场有许多误解和完全不理解的地方,因此我们在这个问题上应该讲得极其通俗。"[1]

列宁在同一演说中说:"向群众讲话的时候,应当向他们做出具体的答复。"[2] 要有鲜明的政治思想。"联欢所缺乏的正是明确的政治思想。"[3] 列宁在讲到不破坏

---

[1] 见《列宁全集》中文第二版增订版第29卷第345—346页。——译者注
[2] 见《列宁全集》中文第二版增订版第29卷第350页。——译者注
[3] 见《列宁全集》中文第二版增订版第29卷第350页。——译者注

四月代表会议

资本家的统治就不能实行所提出的和平条件时,坚持要把这一思想向群众解释清楚:

"我再说一遍:需要向觉悟不高的人民群众由浅入深地解释这一真理,使那些缺乏认识的人了解问题的实质。目前有关战争的通俗读物的全部错误和虚伪就在于它们回避这个问题,对此保持沉默,把事情描绘成似乎阶级斗争并不存在,似乎两个国家本来是友好相处的,后来一个国家攻击了另一个国家,另一个国家就起来自卫。这是一种丝毫不客观的庸俗议论,是有教养的人对人民的有意识的欺骗。"[1]

我们来做一个总结。列宁很重视通俗讲话和通俗写作的技能,必须使共产主义成为群众容易理解的东西,如同自己的事业一样。通俗演讲和通俗小册子应有足以激起某种行动的具体目的。通俗演讲中所发挥的政治思

---

[1] 见《列宁全集》中文第二版增订版第29卷第391页。——译者注

想，应该是明确、清晰而有意义的。任何庸俗化、简单化和脱离客观实际都是不允许的。应该准确地按照计划叙述问题，帮助听众或读者自己去做结论，并且只是把这些已为听众和读者所领悟了的结论总结起来和表达出来。

不要从抽象的议论出发，而要从贴近听众或读者，并且从足以激发他们的事实出发，循序渐进地、一环扣一环地解释这些事实与阶级斗争中最重要的问题、社会主义建设中最重要的问题之间的联系。

列宁就是这样教大家通俗地讲话和写作的。

目前，通俗书籍具有特别的意义，阶级斗争的尖锐化要求群众尽可能清楚地了解情况，学会理解那些日常生活中令他们焦急的事实与为社会主义斗争的基本问题之间的联系。这样的书籍简直少得可笑。要创作这样的书籍，要向列宁、向群众学习如何通俗写作。要学习善于写作通俗作品，努力工作，集体地养成这种写作技能，并在实践中检查其成效。

本文首次发表于《图书与革命》杂志1929年第2期

怎样写作党的通俗读物

> " 他在辩证唯物主义中找到了这个指南,辩证唯物主义使他善于极深刻地研究现象,善于找出有组织地影响这些现象的途径;辩证法使他具有非凡的远见、坚定的观点,像人们所说的那样,善于'捉牛先抓角',善于发现每个问题最本质、最重要的东西。"

学习列宁的工作方法

怎样写作通俗小册子的问题具有巨大意义。众所周知，要尽可能用简单的语言来写，不允许庸俗化。但关于通俗小册子的结构问题，关于阐明基本主题的方法问题，却还尚欠明确。我想讲讲这个问题。在1920年12月底到1921年1月间有过关于工会问题的争论，讨论过工会在当时发展阶段的作用问题。列宁在讨论这个问题时曾以不多的几句话说明了，要如何按照马克思主义的方法研究某个对象、现象或问题，从辩证法的观点来研究问题。请看他写的这段话：

"要真正地认识事物，就必须把握住、研究清楚它的一切方面、一切联系和'中介'。我们永远也不会完全做到这一点，但是，全面性这一要求可以使我们防止犯错误和防止僵化。这是第一。第二，辩证逻辑要求从事物的发展、'自己运动'（像黑格尔有时所说的）、变化中来考察事物。就玻璃杯来说，这一点不能一下子就很清楚地看出来，但是玻璃杯也并不是一成不变的，特别是玻璃杯的用途，它的使用，它同周围世界的**联系**，都是在变化着的。第三，必须把人的全部实践——作为真理的标准，也作为事物同人所需要它的那一点的联系的实际确定者——包括到事物的完整的'定义'中去。第四，辩证逻辑教导说，'没有抽象的真理，真理总是具体的'——已故的普列汉诺夫常常喜欢按照黑格尔的说法这样说。"[1]

这几句话是伊里奇多年研究哲学问题的结果。伊里奇研究哲学并不是因为这是一门"很有趣味的科目"，而是因为列宁在哲学中寻找行动的指南。他在辩证唯物主义中找到了这个指南，辩证唯物主义使他善于极深刻地研究现象，善于找出有组织地影响这些现象的途径；辩证法使他具有非凡的远见、坚定的观点，像人们所说的那样，善于"捉牛先抓角"，善于发现每个问题最本质、最重要的东西。

凡是想彻底了解列宁主义的人，就要用上面所引的一段话来武装自己，分析列宁的一系列著作，并考察他如何论述每个问题的方法。

我们举个例子。90年代关于资本主义在俄国是否发展的问题发生了争论。这是决定当时应有的革命活动全部性质的最现实的问题。于是列宁就着手来写《俄国资

---

[1] 见《列宁全集》中文第二版增订版第40卷第294—295页。——译者注

学习列宁的工作方法

列宁同普梯洛夫工厂的工人谈话

本主义的发展》这一巨著。他解决了这个问题,结论很清楚:要沿着组织工人群众和提高工人群众觉悟的道路前进。

列宁选择的主题总是很切合实际:每篇文章、每部著作都对"怎么办?"的问题给予一定的答复。每部著作、每篇文章都是行动的指南。

关于资本主义发展的问题把握得非常具体。他所研究的问题不是一般的资本主义,而是具体的资本主义,是当时我们的落后国家在那个时期的资本主义。具体地提出一切问题是列宁所有著作的特点。列宁不是片面地,而是全面地观察资本主义的发展问题，观察城乡资本主义的一切形式和表现。

把一切问题广泛地提出来，这也是列宁对待问题的特点。列宁是在一切联系和中介里来观察俄国资本主义发展问题的。在沙俄书报检查还极端猖獗时，要公开写作，作者经常无法完全鲜明地表达自己的观点，尽管如此，伊里奇却善于揭露俄国资本主义与不久前的农奴制度的联系，善于把资本主义与一切社会制度和居民的文化水平等联系起来加以观察。列宁是在一切联系和中介里来观察问题的。这就说明，如果把他在不同时期、不同发展阶段观察同一问题的情形加以比较，就能察知他是在何种新的联系下把握问题的，每次如何按新的方式提出同一个问题。

伊里奇在描写19世纪末俄国资本主义发展这幅图画时，直接给出了无数的实际材料，研究了当时我国资本主义发展各种形式中已有的全部经验，选取了其中最典型、最显著的形式。列宁极仔细地研究了这些实际材料和全部现有经验。为了确定最重要的东西，他研究了资本主义已得到很大发展国家的经验作为基础——他研

学习列宁的工作方法

列宁签署的人民委员会关于扫盲等文化教育问题的法令和决定

究了人类在该领域的全部经验，并据此来观察我们的经验。最后，他在问题的发展中观察全部问题。所有这一切就使他能够做出正确的结论，极具说服力的结论。

我们能否把列宁的这种工作方法应用于像写作通俗小册子这样的问题上呢？

我以为完全可以应用。需要通俗书籍的读者，特别注意那些涉及他们关心的问题的书籍。"我们对这种书有兴趣,因为这与我们很贴近。""这本书很好,因为它指明了应该怎么办。""这本书很明白,因为这是我们每天亲眼见到的事情。"

当作者叙述某种思想而不用具体的例子加以说明时,那读者就写道:"最好是更详细地解释一下。"如果问题提得狭隘,那这本书就会没有意思。实际材料最令人信服,"这个人真像到过我们这里一样"。通俗书籍的读者常常也举出一些类似的事来。他们特别喜欢能作比较材料的事实,把这些材料拿来比较一下,就更使人信服。历史地考察问题也令人信服——"知道过去,就容易了解现在。"在革命军事委员会政治部里不仅有红军士兵最感兴趣的材料,还有很多对通俗小册子的评论,其中也有对列宁的小册子的评论。很多关于小册子的评论非常鲜明地说明,辩证的论述主题的方法最能满足通俗小册子的读者。

本文首次发表于《真理报》1932年6月6日第155号

在全苏联工农通讯员会议上的报告

> 列宁说过:'我们要把共产主义带进日常生活中去。'
>
> "这是什么意思呢?这就是说,我们应该用共产主义的态度对待我们生活周围的一切现象,并分辨出哪些是这个生活中的旧残余,哪些是能发展成新的形式,并能在其基础上按照新的样式来建设我们新生活的萌芽。"

学习列宁的工作方法

在我看来，工农通讯员有巨大的意义，我想就这个问题讲几句话。在苏维埃俄国，我们是在新的原则上建设新的生活，按照新的方式来改组一切。为了能够把这点做得很好，就必须准确地知道工农群众中所发生的一切。因而工农通讯员最重要的任务之一，就是正确地反映现实。

过去七年我们颁布了很多法令，其中也有个别不甚适当的。但共产党总是仔细审视这些法令的实施情况以及工农群众对这些法令的反映。由于党仔细关注这些问题，不好的法令就得以修正过来。

列宁不止一次说过，任何法令，如果不适当，是可以修改的。只是要看它在工农群众中的反映怎样。因此，工农通讯员首要的任务和最重要的任务，就是要正确地反映工农群众中发生的事情。我们只有准确地看到这些群众中发生的情况，我们才能实施正确的路线。

可以用不同方式叙述您周围所发生的事情。因此，每个工人通讯员、每个乡村通讯员知道在他周围的现实生活中什么是主要的，什么是次要的，这一点至关重要。过去七年的经验能再好不过地帮助通讯员分析这个问题。

最能帮助大家分析生活环境的，是列宁主义，因为列宁主义武装起来的每个工人通讯员、每个乡村通讯员懂得什么是重要的，在自己的通讯中首先应当指出什么，为了改造生活需要了解什么。

正确地反映工农群众中发生的事情，那你们就是在进行具有巨大意义的工作，因为舆论能教育群众。

当有人阐明某个问题，或某种群众眼前有过，但群众还没有觉察到的现象时，群众就开始仔细注意周围发生的事情，开始来了解要回答什么样的现象和怎样来回答。很了解工农生活的工农通讯员，学习列宁主义，就能向周围所有人指出，怎样用共产主义观点正确地看待某个问题。

列宁说过："我们要把共产主义带进日常生活中去。"

这是什么意思呢？这就是说，我们应该用共产主义的态度对待我们生活周围的一切现象，并分辨出哪些是这个生活中的旧残余，哪些是能发展成新的形式，并能在其基础上按照新的样式来建设我们新生活的萌芽。这种善于对待问题和善于在自己的通讯中反映最重要问题的本领，在教育群众方面具有巨大意义。

学习列宁的工作方法

弗拉基米尔·伊里奇在1917年和以后年代中曾多次说到群众监督的问题。他说,社会主义——这是群众的活的创作。群众自己应当监督一切。我们看到,七年以来群众的这种监督并不总是成功的。这种监督有时很有成效,有时则毫无结果。这是由于群众对许多问题还没准备好的缘故。但群众的监督有时失败,有时做得不够完备,这并不是说应该放弃这件事情,拒绝群众的监督,而代之以官僚的监督。

一件事当我们没有把它进行到底、达到目的时,就要几次从头开始做起。

因此现在,当我们已经有了七年的经验,当文化生活已经开始提升和繁荣的时候,我们能够重新开始这件事情,而在这件事情上没有谁能像工农通讯员那样来帮助我们。恶劣现象时常逃脱了工农检查员的耳目,但常接触这些负面现象、生活在群众中的人,却完全一目了然。通过报纸,通过舆论可以实现群众的监督。工人通讯员和乡村通讯员依靠工人以及贫农和中农的同情,能够如此阐明实际生活,能够如此同这生活中的一切丑恶做斗争,使任何黑暗现象和非法行为在生活中都毫无立足之地。为了铲除生活中的一切黑暗行径，为了最终消灭压迫和剥削，工人通讯员和乡村通讯员能够而且应当进行斗争。这是一项极大的和非常重要的任务。显而易见，没有这一点就不能实现群众的监督。

我们知道，我们还有工农检查院。它进行着巨大的工作，但工农检查院在其工作中应该依靠工农群众的帮助。没有他们的帮助就没有任何实际的监督。

弗拉基米尔·伊里奇在一次演讲中说："现在我们开始了伟大的斗争，这个斗争还不会很快结束。这是为了使俄国成为一个文明的、光明的、健康的国家的斗争。"

同志们，这个斗争正在进行着，我想，在这个斗争中工农通讯员将占有光荣的地位。

载于《在第三条战线上》文集第二部分
1927年女教育工作者出版社

群众监督与工人通讯员

> "我们的任务是要战胜资本家的一切反抗,不仅是军事上和政治上的反抗,而且是最深刻、最强烈的思想上的反抗……"

学习列宁的工作方法

关于必须要有群众监督，首先是工人监督，要对生产和分配，对银行、工厂等以及对自己国家实行监督的思想，贯穿于弗拉基米尔·伊里奇有关如何建设新式国家问题的一切文章和讲话之中。

官僚是站在人民之上的，他们所实行的是自上而下的监督，是官僚主义的监督。这是一种表面上的监督，很容易回避，资本家所要的正是这样的监督。

"要一下子、普遍地、彻底地取消官吏，是谈不到的。这是空想。但是一下子**打碎**旧的官吏机器，立刻开始建立一个新的机器来逐步取消任何官吏，这并**不是**空想，这是公社的经验，这是革命无产阶级当前的直接任务。"[1]

弗拉基米尔·伊里奇写道："……实行计算和监督，这种计算和监督应该起初由工人组织进行，以后由全体居民进行。"[2]

弗拉基米尔·伊里奇说过，如果我们想与官僚主义做斗争，就应该吸收下层群众来参加这一工作。

列宁1921年10月17日在全俄政治教育委员会第二次代表大会上的讲话中说："不经过一个实行社会主

---

[1] 见《列宁全集》中文第二版增订版第31卷第46页。——译者注
[2] 见《列宁全集》中文第二版增订版第34卷第70页。——译者注

义的计算和监督的时期，即使要走到共产主义的低级阶段也是不可能的。"[1]

我们现在竟然忘记了，工农检查院曾设想是工人和农民对国家机关实行检查、监督、监察的组织。[2]

弗拉基米尔·伊里奇1920年时曾说："要知道，工农检查院多半还形同虚设，过去所以开动不起来，是因为优秀的工人都派到前线去了，而农民群众限于文化水平又不能大量提供工作人员。"[3]

列宁在同一次讲话中还说："除了吸收工人和农民参加，还有什么别的办法可以克服官僚主义呢？在区的会议上批评涉及的都是一些小事，而关于工农检查院，连一句话也听不到。我也没有听到有哪个区吸收工人和农民来做这件事情。真正的建设工作就是要运用批评，就是要注意批评的内容。"[4]

弗拉基米尔·伊里奇曾反复思索过工人群众监督国家机关的问题。他最后几篇论工农检查院和中央监察委员会的文章，就是阐明这个问题的。

---

[1] 见《列宁全集》中文第二版增订版第42卷第193页。——译者注
[2] 本文写于1924年2月。——克鲁普斯卡娅注
[3] 见《列宁全集》中文第二版增订版第40卷第34页。——译者注
[4] 见《列宁全集》中文第二版增订版第40卷第36—37页。——译者注

学习列宁的工作方法

为什么我们关于群众监督和工农检查院的工作仍然做得这么差呢?缺乏什么呢?弗拉基米尔·伊里奇的看法是缺乏文化,应当重新教育群众。

"我们的任务是要战胜资本家的一切反抗,不仅是军事上和政治上的反抗,而且是最深刻、最强烈的思想上的反抗。……完成这一改造群众的工作。我们所看到的群众对共产主义教育和共产主义知识的兴趣和向往,是我们在这方面取得胜利的保证,胜利也许不会像前线上那么快,……"[1]

怎样改造群众,怎样重新教育群众,怎样培养群众坚定地长期实现对生产和分配以及

---

1 见《列宁全集》中文第二版增订版第39卷第448页。——译者注

群众监督与工人通讯员

列宁在全俄苏维埃第二次代表大会上发表讲话（1917年11月）

学习列宁的工作方法

对国家机关的监督呢？

要教会群众"观察"。

怎样才能做到这点，怎样去做呢？

弗拉基米尔·伊里奇在《论策略书》中对这个问题回答说："应当善于使公式适应实际生活……"[1]

"现在必须弄清一个不容置辩的真理，这就是马克思主义者必须考虑生动的实际生活，必须考虑**现实**的确切事实……"[2]

"……理论……，至多只能指出基本的、一般的东西，只能**大体上**概括实际生活中的复杂情况。"[3]

生活是复杂的，要善于解释生活，要借阐明工人日常生活细节引导工人去了解理论。去了解共产主义，要使包括烦琐事情和变幻无常的日常生活与共产主义之间有某种纽带存在，只有时时刻刻都以无产阶级思想的光辉去照耀这些细情小事，才能教会工人群众去"观察"和自觉地对待实际生活，用共产主义观点来批评生活和实现真正的无产阶级监督。

---

[1] 见《列宁全集》中文第二版增订版第29卷第139页。——译者注
[2] 见《列宁全集》中文第二版增订版第29卷第139页。——译者注
[3] 见《列宁全集》中文第二版增订版第29卷第139页。——译者注

从上述一切可以明显地看到工人通讯员的巨大作用。

工人通讯员用共产主义观点来阐明工人群众亲切易懂的日常生活，这就帮助工人群众更好地了解共产主义，教会群众去"观察"、批评和实现监督。

为了实现这个重大的任务，工人通讯员应该不断学习。他应该尽量完善、深入地研究共产主义理论，他应该以共产主义眼镜（如果可以这样说的话）来武装自己，透过这副眼镜仔细观察工人的日常生活。他应该善于把握最本质、最典型、最足以代表一切的东西，并套上联系无产阶级思想的纽带。

工人通讯员的任务，如果按其应有的严肃性来说，其责任重大，困难也大，但同时又极为重要，其中还有帮助伊里奇实现关于真正的工人监督的理想的任务。

本文首次发表于《工农通讯员》杂志 1924 年第 2 期

我们要向伊里奇学习

"善于观察,这是一种伟大的力量。我们所有人都应该向伊里奇学习观察问题的方法。用这种本领武装自己,我们就能在新的条件下更好地实现他的思想。"

学习列宁的工作方法

　　有一次当我们安葬一个亲密的同志时，我的眼中忽然映入了这样一条标语：领袖死了，但他们的事业长存。这是正确的。

　　伊里奇逝世已经四年了，但他贡献了毕生精力的事业却活着、扩大着、发展着。

　　伊里奇的思想、言论和事业在这四年来已传播到我国最偏僻的角落，他也就成了群众更亲近的人了。党员们翻开书本，一遍一遍地重读伊里奇的文章和讲话，在其中寻找他所焦虑的那些问题的答案，寻找进行斗争和工作的指南，而且一找就都找到了。

　　工农通讯员也能在伊里奇那里找到这样的指南。

　　说实在的，伊里奇自己就是个模范的工农通讯员。他善于敏锐地观察生活，察觉出旁人漠然放过去了的现象，从工人利益的观点出发评估一切细节，而后他就在自己的文章中分析他的见闻，并根据这些细节说明大的原则问题。

　　1895年，彼得堡以列宁为首的一些同志想出版一份秘密报纸《工人事业报》。当时工人运动才刚刚开始，许多工人还完全没意识到为什么他们的生活不好，还不明白他们要与资本家做斗争，不明白他们要与沙皇政权做斗争。于是《工人事业报》就应该向工人阐明他的生活，使他了解他所经历的一切、他在自己周围看见的一切。伊里奇简直成了一个真正的工人通讯员。他到工人中去详细询问他们的一切生活情况。一个工人在有关伊里奇的回忆录中写道："有时，他问了一连串问题，刨根问底，简直把人问得直冒汗。"

不仅伊里奇自己成了一个工人通讯员，他还拉所有同志参加这种工作。他们一连几个小时解释所得到的消息。伊里奇吸收所有人参加这项工作，要求每个人准确地传达事实，检查事实。还不止一次要去找补充的信息，结果就形成了某种特殊的工人通讯学校。我们每个人都感觉到，在这项工作中自己怎样在伊里奇的影响下成长起来，学会更准确、更仔细地观察。关于如何写作也谈得很多，要少些空话和一般的议论，多些事实。

如果说伊里奇在彼得堡时是工人通讯员，那他在流放时就是乡村通讯员。农民知道他是学过法律的，很多人都到他那里去请教诉讼的事。伊里奇给他们提供了很多法律上的意见，并顺便详细地询问每个到他那里去的农民或农妇的生活和劳动条件，他收集了极其丰富的材料。

他住在国外时，也以同样的方法关注德国、英国和法国工人的生活……

不久前，因纪念十月革命十周年我又重新阅读了伊里奇1917年4月到十月革命夺取政权期间的全部讲话和文章。其中特别鲜明地反映了伊里奇的观察本领，他回国三个星期后在党的代表会议上演讲，从这次讲话中可以看到他从与士兵、工人和矿工的谈话中已经知道了很多东西——觉察到了旁人没觉察到的情况。

让工农通讯员在研究伊里奇的文章和讲话时，对他的工农通讯活动加以注意吧。他们就会看到伊里奇善于观察，善于看到新生活的萌芽和正在生长的力量，善于看到旧制度的力量和压迫的卓越本领。

他们会看到，对事业的兴趣，对工人运动的广泛研究，对马克思主义理论知识的学习使伊里奇如此敏锐地观察问题和了解问题。

他们会看到，这种善于观察的本领使伊里奇成为能够清醒地估计情况（只要回忆一下《布列斯特和约》）、从不迷恋响亮词句的人；成为会寻找活的力量并组织力量做

列宁参加纪念十月革命两周年的红场游行（1919年11月7日）

斗争的人；成为会依靠所见所闻、依靠自己的观察使自己的观点对群众来说亲切易懂的人。

善于观察，这是一种伟大的力量。我们所有人都应该向伊里奇学习观察问题的方法。用这种本领武装自己，我们就能在新的条件下更好地实现他的思想。

本文首次发表于《工农通讯员》杂志1928年第1期

培养列宁主义者

> " 要把自己的生活与为实现共产主义的工作联系起来,把革命的理论作为指南,清醒地正视实际生活,不害怕艰苦的工作,那么你们就能成为列宁主义者。"

学习列宁的工作方法

同志们，30年前弗拉基米尔·伊里奇在他那本《什么是"人民之友"以及他们如何攻击社会民主党人？》的小册子里，曾以同情的态度引用了莱辛的诗句："谁不称赞克洛普施托克的美名？可是，会不会人人都读他的作品？不会。但愿人们少恭维我们，阅读我们的作品时多用心！"[1] 你看这段话中讲到，但愿人们少恭维我们，阅读我们的作品时多用心，我想，也许这对于弗拉基米尔·伊里奇也是适宜的。他在谈及某个已经没有任何影响、其言语不对群众的活动产生任何作用，但却享有荣誉的老革命家时，就常惋惜地使用一个轻蔑的词"圣像"。弗拉基米尔·伊里奇说："还有什么，这已经是圣像了。"列宁在其著作中也说过，所谓圣像乃是这样的一个东西，在它面前要叩拜祈祷，但它对人们的活动却不会产生任何影响。

不要把列宁变成圣像。要使他的思想成为行动的指南。我以为，这个思想应该是每个想成为列宁主义者的共青团员的指导思想。

同志们，你们如果想成为列宁主义者，你们就应该学习为劳动者的解放事业服务，学习为共产主义事业服务。

---

[1] 见《列宁全集》中文第二版增订版第1卷第104页。——译者注

培养列宁主义者

列宁会见参加俄国共产主义青年团第三次全国代表大会的代表

在战前,在和平发展时期,在允许社会主义组织公开存在的国家,那里的社会主义者常常认为,只要有了党证,订阅了社会主义报纸,参加了会议,便成为一个党员。我们当然不能这样看待这个问题。我们处在这样的一个时代,此时我们已经明白地了解,个人生活不能与社会生活分割开。个人生活与社会生活分裂,迟早会使这个人背叛共产主义事业。只是在从前,人们也许不

学习列宁的工作方法

明白这一点。我们应该尽力使我们个人的生活与斗争事业、与建设共产主义的事业联系起来。

这当然不是说我们应该抛弃个人的生活。共产主义政党不是教派，因而不能宣传这样的禁欲主义。有一次我在一个工厂听见一位女工发言，她号召女工们说："女工同志们，你们应当记住，你们既然入党了，那你们就应当抛弃丈夫，抛弃儿女。"当然不能这样做。问题不在于应当抛弃丈夫和儿女，而是要把儿女培养成为共产主义的战士，要使自己的丈夫也成为这样的战士。要善于把自己的生活与社会生活融合起来，这不是禁欲主义。恰恰相反，正因为有这种融合，正因为全体劳动者的公共事业成为个人的事业，个人的生活就愈加丰富起来，生活就不再平淡，它就有了这样鲜明而深刻的起伏转折，这样

列宁在查理大桥上

的起伏转折是小市民的家庭生活从来也给不了的。让自己的生活与有益于共产主义的工作、与劳动者为建设共产主义的斗争工作融合起来——这就是我们当前的一个任务。青年们，你们刚开始建设自己的生活，你们能够做到使个人生活不与社会生活分裂，这样来建设自己的生活。

同志们，弗拉基米尔·伊里奇曾说过，没有革命的理论就不会有革命的运动。他为制定这个革命理论曾做了大量工作——鲜明地提出目的，深刻理解这一目的，决定达到这个目的的道路——这是每个革命者所必需的，因为如果他没有明确看到向何处前进和沿着什么道路前进，无论他对自己的工作是怎样的热心，他仍会常犯错误。

为了善于在自己的活动中区分主次，就必须清楚地了解目的，看清道路。弗拉基米尔·伊里奇就有这种善于区分主次的本领。在斗争时为了获得主要的东西，有时在次要的方面是可以让步的。机会主义者与革命家的区别，就在于机会主义者出让重要的、基本的东西，忘记目的，抛弃目的。我们可以看到，弗拉基米尔·伊里奇在自己的活动中如何与这种机会主义、这种不善于坚

学习列宁的工作方法

持基本原则立场的现象做斗争。还有另一种错误：如果一个人不能区分什么是主要和次要，他就会为革命的空谈所诱惑。与革命空谈做斗争，这一点也贯穿了弗拉基米尔·伊里奇的全部活动。弗拉基米尔·伊里奇说过，革命的理论不是教条。革命的理论是行动的指南，是工作的指南。任何时候都应从这个观点出发看待理论。目前研究革命的理论是我们大家非常需要的。在经济发展方面，苏联还是一个落后的国家，因此在我国无产阶级有许多不同的阶层。有工作在大工业生产中的先进的无产者阶层，有较为落后的无产者阶层，有手艺从业者，在这些不同的集团中，阶级觉悟的程度也是极不相同的。因此，不是每个无产者所说的话都是无产阶级的真理。要善于区别出无产阶级的先进思想，因此认真研究革命理论对于青年来说极为重要。

不要盲目地相信一切：每个人的肩膀上应当有自己的头脑。因此所有东西都应该认真思考，所有东西都应该自己去认真检验。这是青年的任务之一，这是想成为列宁主义者的共青团员的任务之一。弗拉基米尔·伊里奇说过，理论给行动以指南。的确，只是因为他有革命的理论来指导，他才善于发现当前时刻力图要达到的最近的目的。

明白地了解目的和实现目的的道路，就给革命者以应有的锻炼。这种了解增强了他在进攻时的坚决性，使他在退却时也不致惊惶失措。列宁1902年在小册子《怎么办？》中写道："我们应当**时刻**进行我们的日常工作，同时又应当时刻准备着应付一切情况，因为爆发时期和平静时期的交替往往是几乎无法预料的，而在可能预料的场合，也不能利用这种预料来改造组织，因为这种交替在专制制度的国家里发生得异常迅速，有时竟会由于沙皇的扬尼恰尔一个晚上的袭击而发生。并且也决不能把革命本身想象为单一的行动（显然，纳杰日丁之流就是这样想象的），而应当看作是比较激烈的爆发和比较沉寂的平静的若干次迅速交替的过程。因此，我们党组织的活动的基本内容，这种活动的中心，应当是不论在最激烈的爆发时期，还是在完全沉寂的平静时期都可能进行又必须进行的工作，这就是阐明实际生活的各方面、深入广大群众并在全俄范围内统一进行的政治鼓动工作。在当前的俄国，没有一个经常出版的全俄报纸，要进行这种工作**是不可想象的**。在这个报

学习列宁的工作方法

纸周围自然地形成起来的组织，由这个报纸的**同事**（按这个词的广义来说，即指一切为这个报纸工作的人）构成的组织，就会真能**应付一切**：从在革命最'低沉'的时期挽救党的名誉、威望和继承性起，一直到准备、决定和实行**全民武装起义**。"[1]

如果妥协不可避免，那就要学会妥协。弗拉基米尔·伊里奇1917年9月在《工人之路报》上写道："真正革命的政党的职责不是宣布不可能绝对不妥协，而是要**通过各种妥协**（如果妥协不可避免）始终忠于自己的原则、自己的阶级、自己的革命任务，忠于准备革命和教育人民群众走向革命胜利的事业。"[2]

当然，实行妥协并不总是令人愉快的。弗拉基米尔·伊里奇喜欢引用车尔尼雪夫斯基的话说："政治斗争并不是涅瓦大街的人行道。"有时是得走脏路的。

弗拉基米尔·伊里奇不喜欢空谈和说大话，他要求革命者和党员进行最紧张的工作。

不痛快的、单调的工作是常有的，可是一个革命者不能拒绝这种工作，革命事业不仅需要光彩照人的工作，

---

1 见《列宁全集》中文第二版增订版第6卷第168页。——译者注
2 见《列宁全集》中文第二版增订版第32卷第130页。——译者注

它同时也需要日常单调的工作。

弗拉基米尔·伊里奇在给加·米雅斯尼科夫的信中说："有些人对吃力的、艰苦的、见效慢的工作缺乏信心，于是慌张起来，另寻'捷'径……"

孜孜不倦、毫不灰心地为实现目的而工作，这就是伊里奇的遗嘱。

要把自己的生活与为实现共产主义的工作联系起来，把革命的理论作为指南，清醒地正视实际生活，不害怕艰苦的工作，那么你们就能成为列宁主义者。

共青团员同志们，你们的全部生活都在前面，你们正处于巨大的社会进步时期。高举列宁的旗帜，与群众并肩前进，走在群众的前列，向着伟大的目标迈进吧。

本文首次发表于 1924 年 7 月 15 日《真理报》，
题为《在俄罗斯列宁共产主义青年团第六次代表大会上的讲话
（1924 年 7 月 12 日）》

1　见《列宁全集》中文第二版增订版第 42 卷第 96 页。——译者注

如何研究列宁主义

" 我倒建议用这种方法:要抓住列宁在多年当中对某一问题的态度,考察他在不同的具体情况下怎样解决这个问题。"

学习列宁的工作方法

要教人理解列宁主义的实质

同志们！研究列宁主义时，最重要的当然不是记住一些细节、准确的名称、日期、原词原句，等等。要让那些研究列宁主义的人学会理解列宁。研究列宁著作的主要任务在于理解列宁，理解列宁主义。

有一次，我同弗拉基米尔·伊里奇谈到斯维尔德洛夫大学里研究马克思主义的情况。我读过斯维尔德洛夫大学的工作报告，其中谈到学生们怎样热心研究价值论。说有一个学生为如何定义价值争论了整个通宵之后，早上竟昏头昏脑地跑到街上，抓住一个路人就问他是怎样定义价值的。当我和弗拉基米尔·伊里奇讲述这件事的时候，他说，这不是马克思主义，研究马克思主义只追求定义准确、公式合乎全部科学规律、陷入细枝末节是不应当的。研究马克思主义最主要的，是理解马克思主义的精神，理解它的基本思想，善于把马克思主义运用到实际中去。

必须认真研究马克思主义

同志们，当我们想要定义什么是列宁主义时，我们就应当说，列宁主义就是应用于我们现实的马克思主义，应用于我们当代现实的马克思主义。列宁所运用的研究现实、影响现实的这些方法，实质上不是别的，正是马克思主义的方法。所以，如果你们想在你们授课的小组和班次中，使学员和听众尽可能更好地了解列宁主义，那么您首先就应使这些学员了解什么是马克思主义，什么是马克思主义方法和马克思主义对待现实的态度。要指明马克思怎样理解阶级斗争，怎样理解社会发展的方向，马克思的理论是如何有助于阶级斗争的发展，帮助工人阶级认清历史在他们面前所提出的任务。因此，应当非常认真地关注对马克思主义及其基本原理的研究。现代青年常常忘记了问题的这个方面，在分析当前现实问题时，又往往不是从马克思主义的观点出发，而是一开始就很抽象地去争论一些小细节，不是深入理解事物的本质。老一辈人是经过长期追求才走上了马克思主义道路，当然了解马克思主义，但年轻一辈却是通过另外的道路走向马克思主义。他们是在阶级革命斗争的烈焰中成长起来，很多曾经争论的问题对他们来说已经无须争论了。不应当忘记这个事实，要使年轻一辈了解马克思主义的方法，给他们以科学社会主义的世界观，用能够帮助他们分析当前复杂现实的武器来武装他们。

研究列宁主义从何入手？

这件事应从何入手呢？首先，要把关于什么是科学社会主义，什么是马克思主义的概念教给学员们。应该指明列宁对我们现实生活基本问题的态度，指明他是彻底的马克思主义者，并且这就是他的力量所在。这里重要的并不在于确定列宁对一切局部问题的意见，也不在于多多地援用引证，而应当抓住最基本、最本质、最显著的特征，这样来确定进行深入扎实研究的主要路线。

研究列宁主义，首先必须关注列宁是如何研究和估计当前现实的。

列宁总是力求确定某一现象在工人阶级为实现最终理想的一般斗争中起着什么样的作用。如果我们想找到影响这些现象的路径,那么对现象的这种估计和善于确定现象在整个链条中的地位,对我们来说就极其重要。

要估计到需求

其次,应该怎样进行这种研究呢?我认为应该这样。这里极为重要的是要以学员为对象,要面向学员的个人经验和情感情绪。如果是农民,那重要的就是抓住农民问题,首先就应该研究列宁怎样看待农民问题。如果是已经与乡村脱离了关系的产业工人,那就要抓住无产阶级专政问题,抓住工人阶级的作用问题,一般来说,要从有关工人切身利益的观点出发。这种善于选择一个人最关心、与他个人的生活经验最紧密相关问题的本领,是非常重要的。

近来我看到几种专为农民群众写作的通俗的列宁传记手稿。怎么样呢?例如,这些传记很详尽地讲到了在历次代表大会上的争论,讲到了孟什维克,等等。但却忘了讲一点:关于列宁对土地问题的态度。为农民写的读物却不讲他们最感兴趣的问题,竟然还能这样做!

在具体情况中观察现象

怎样研究列宁主义呢？我倒建议用这种方法：要抓住列宁在多年当中对某一问题的态度，考察他在不同的具体情况下怎样解决这个问题。例如，拿农民问题来说。试考察一下，为什么先前他提出了割地和归还赎金的问题，而在1917年10月公布的土地法令中，却提出了没收全部地主土地并将其转归人民所有。试考察一下，在不同的具体情况下同一思想采取了哪些形式，这对理解什么是列宁主义极为重要。

和学员们就他们最为切身的问题做了这种观点演化的分析工作之后，我想就应该找一个当前的实际问题，对于这个当前的具体问题应力求以列宁研究实际问题的方法全面地加以阐明。

我认为，这样来研究列宁的著作会得到所必须追求的东西，就会理解列宁，了解列宁著作的精神，虽然这大概不会使人得到能把这些著作倒背如流的知识，但我想，研究列宁主义恰恰应该如此。

如何研究列宁主义

列宁起草的《土地法令》

学习列宁的工作方法

所有马克思主义者，包括列宁在内，都是在现象的具体情况下观察一切现象。我想起了一本书中的话，这本书当时对我们这代人产生了很大影响。这就是米尔托夫的《历史信札》。那里讲道，一切旗帜，在一定时刻是革命的旗帜，而后来却可以成为反动的旗帜。如果我们回顾我们不久前的革命时光，我们就会看到，例如立宪会议，起初曾是革命的口号，后来却成了反动的口号。起初还没有任何工人政权，还是沙皇制度的时候，立宪会议这个口号的意思就是要为工人阶级的自由发展而斗争，为工人阶级今后可能有组织地发展而斗争。但在苏维埃政权下，在苏维埃第二次代表大会后，立宪会议已经完全不是原来的意思了。此时这个口号则表示，苏维埃的工农革命政权应把政权让给立宪会议和资产阶级，于是先前的革命口号，后来就是反动的口号了。谁了解斗争的精神，看见这个斗争的最终目的，而不是咬文嚼字，谁就和布尔什维克一样了解，为了工人阶级事业的利益，立宪会议就应当解散。

谁脱离现象发展的具体环境来观察现象，谁就完全不了解这点，就会以为这里有内在的矛盾。然而，确定不移的一贯性，革命斗争的最终目的所要求的一贯性，却正是表现在这里。

善于在事实周围的具体环境中观察事实，这是列宁主义的标志。当然，这也就是马克思主义的方法，但这一方法要善于去执行，而这就是列宁主义丰富革命策略的宝贵之处，其意义非常重大。

我们所遇到的每种现象，我们都应该在其发展中观察它。在今天开会之前，我翻阅弗拉基米尔·伊里奇的著作时，刚巧读了一篇有关立宪会议的文章。在这篇文章中他是怎样观察这个问题的呢？他观察了该立宪会议是怎样组织起来的，当时一般的局势怎样，人民群众在选派自己的立宪会议代表时想些什么，他们当时的觉悟程度怎样。然后他又考察了该立宪会议之后的行动，于是就得出结论说，将政权转交立宪会议就意味着消灭苏维埃政权，也就是说消灭工农革命的政权。我们看到，列宁是在现象的发展中观察现象的，因而也就做出决定策略的正确结论：应该解散立宪会议。

学习列宁的工作方法

要仔细地研究现实

　　列宁力求尽可能准确地确定某种现象现实存在的界限所在,以自己的经验和同志的经验来检验它,然后就来阅读俄国书籍和外国书籍,选取和寻找类似的现象,进行比较,这样来揭示现象的本质,了解清楚该现象是什么。这种方法可以与艺术家研究事物的方法相比较。法国作家福楼拜在给莫泊桑的信中,向他提出了为艺术地反映现象该如何研究现象的意见。福楼拜写到,比如你想惟妙惟肖地描写一个看门人或马车夫,那你就要去观察他一番,并尽力把握住这个马车夫或看门人不同于其他所有看门人、其他所有马车夫的全部特点,那时你就可以用三言两语来给他定义,使他的形象活生生地展现在读者面前。这是艺术创作方面的意见。但我认为,马克思主义者也应当以这种态度对待现象。马克思主义者应当去考察现象,找出这些现象区别于从前在我国有过的和其他国家现在和从前有过的一系列类似现象的不同特点。列宁通常就是这样来评估现象。

因此，研究现象，确定它的特点，确定它的比重，在现象的具体情况中和发展中观察现象，这就是列宁主义对待现实的特点所在。

> 本文首次发表于《真理报》1924年3月22日第66号
> 题为《当前为纪念列宁逝世而吸收党员的宣传任务》

译者后记

《学习列宁的工作方法》这本小册子出版于1933年,是从娜·康·克鲁普斯卡娅回忆列宁、宣传列宁的众多文章、讲话和报告中选编了极少部分汇集而成。她为此专门写了序言。虽然本书的俄文版没有找到,但是书中所收录的文章、讲话和报告,在苏联先后出版的几版克鲁普斯卡娅《论列宁》等著作中都可以找到。1943年,苏联外国文书籍出版社出版了该书中文版。1949年,该中文版曾被北平天下图书公司翻印出版过竖排繁体字中文本。

2020年是伟大的无产阶级革命导师弗·伊·列宁一百五十周年诞辰,我们重新译校出版这本小册子具有特殊的意义。现就本书做以下说明:

一、本书收录的文章、讲话和报告根据苏联在不同年代出版的俄文版克鲁普斯卡娅的《论列宁》(О Ленине, Москва, 1959, 1971, 1983)、《列宁与党》(Ленин и партия, Москва, 1963)和小册子《列宁——

党的报刊的编辑者和组织者》（Ленин — редактор иорганизатор партийной печати, Москва, 1956）等做了重新译校。

二、本书中引用的列宁著作的全部引文均与中央编译局编译出版的最新版本，即《列宁全集》中文第二版增订版的译文进行了核对和替换。

三、本书中出现的人名、地名及有关专有名词均根据《列宁全集》中文第二版增订版做了修订和统一。

四、作者小传是原编者加的。

五、为增加本书的可读性，适当配置了一些图片。

六、此次译校过程中发现原编者对个别文章适当做了文字处理，本书均按现有俄文版进行译校。

七、文中伊里奇、弗拉基米尔·伊里奇皆指列宁。

全书译文由张海滨审定。

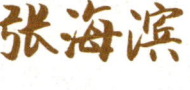

2021 年 3 月

图书在版编目（CIP）数据

学习列宁的工作方法 /（苏）娜·康·克鲁普斯卡娅著；李晓萌译校 . -- 北京：中央编译出版社，2022.4（2024.10重印）

ISBN 978-7-5117-4067-0

Ⅰ.①学… Ⅱ.①娜… ②李… Ⅲ.①列宁主义—工作方法 Ⅳ.① A821.6

中国版本图书馆 CIP 数据核字（2021）第 242606 号

学习列宁的工作方法

责任编辑	张　科
责任印制	李　颖
出版发行	中央编译出版社
地　　址	北京市海淀区北四环西路 69 号（100080）
电　　话	（010）55627391（总编室）　（010）55627312（编辑室）
	（010）55627320（发行部）　（010）55627377（新技术部）
经　　销	全国新华书店
印　　刷	北京文昌阁彩色印刷有限责任公司
开　　本	787 毫米 ×1092 毫米　1/16
字　　数	111 千字
印　　张	15
版　　次	2022 年 4 月第 1 版
印　　次	2024 年 10 月第 2 版印刷
定　　价	88.00 元

新浪微博：@中央编译出版社　　　　微　　信：中央编译出版社（ID: cctphome）
淘宝店铺：中央编译出版社直销店（http://shop108367160.taobao.com）　（010）55627331

本社常年法律顾问：北京市吴栾赵阎律师事务所律师　闫军　梁勤
凡有印装质量问题，本社负责调换，电话：（010）55627320